Animaux du bord de mer

Ouvrage collectif
créé par Losange

Avec la collaboration de :
Thierry Maître-Allain
Patrick Louisy

ISBN : 2-84416-040-9
N° d'éditeur : 84416
Dépôt légal : mai 2000

Achevé d'imprimer : avril 2000
Imprimé en France par CLERC SA - 18200 Saint-Amand-Montrond

Découverte • Nature

Faune de France

Animaux du bord de mer

Artémis Éditions

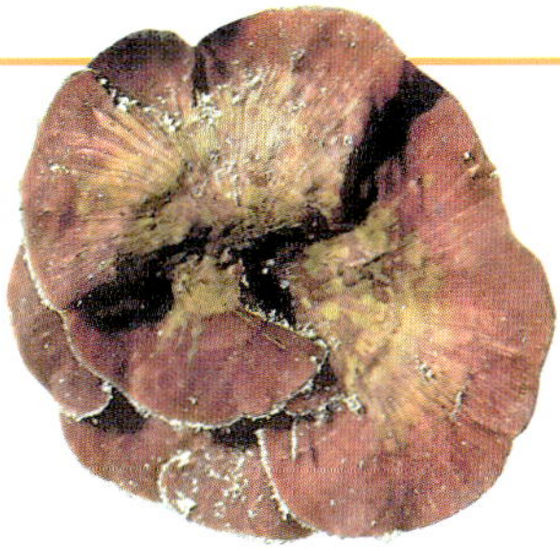

Sommaire

INTRODUCTION

Avant-propos

On estime que 90 % des ressources vivantes marines proviennent des bordures côtières, soit approximativement 8 % de la surface des mers. Ceci correspond à des zones qui s'étendent jusqu'à environ 100 km des côtes, et jusqu'à pratiquement 100 m de profondeur.
La flore et la faune de nos eaux littorales sont donc extraordinairement riches, mais le nombre d'espèces est tel qu'il est impossible de les traiter toutes dans le cadre de cet ouvrage. Nous avons donc choisi de présenter les plus caractéristiques qui, souvent, sont aussi les mieux connues et les plus communes, en signalant les végétaux et les animaux comestibles. Parmi les invertébrés et les algues, certaines espèces sont rares ou difficilement visibles, c'est pourquoi nous les avons volontairement écartées. Lorsque des organismes appartiennent à un groupe comprenant plusieurs espèces proches, nous avons traité les plus connus sous forme de fiches détaillées, les autres de manière plus succincte.
Chaque espèce est citée avec son nom scientifique légal en deux parties (la première correspondant au genre, la seconde désignant l'espèce), et avec son nom de famille. La classification étant souvent réactualisée par les scientifiques, certains anciens noms ont également été donnés. Les noms communs sont ceux en vigueur en France.
Les textes comportent des données sur l'anatomie, l'habitat, les mœurs, et l'intérêt culinaire lorsqu'il existe. Certains points anecdotiques, historiques, anatomiques ou biologiques font par ailleurs l'objet d'encadrés.
Nous espérons que cette présentation, que nous avons voulue pratique et attrayante, vous aidera à découvrir ou à mieux connaître la vie de nos rivages.

La vie du littoral

Les chaînes alimentaires

Tout commence avec la lumière solaire, le gaz carbonique présent dans l'eau et les sels nutritifs (dont les nitrates et les phosphates), souvent apportés par les rivières et les fleuves.
Grâce à ces trois éléments, les plantes marines, les algues et le plancton végétal se développent et produisent de l'oxygène : c'est la photosynthèse.
Les algues sont broutées ou râpées par de nombreux animaux herbivores. Le plancton végétal (ou phytoplancton) est filtré par les mollusques bivalves. Il est également consommé par le plancton animal (ou zooplancton) qui, à son tour, sert de nourriture aux alevins de poissons et à certains invertébrés, lesquels sont finalement la proie d'animaux de taille plus importante.

Avant d'être recyclé en matières minérales par des bactéries, ce fragment de crabe fait le régal d'une crevette.

Après leur mort, animaux et végétaux se décomposent et la matière organique est alors transformée par des bactéries, puis recyclée en éléments nutritifs utilisés par les végétaux : le cycle est bouclé.
On estime généralement qu'en mer, le rendement théorique entre chaque maillon est d'environ 10 %. Ceci signifie qu'il faut 100 kg de plancton végétal pour obtenir 10 kg de plancton animal, qui produira à son tour 1 kg du maillon suivant, poissons ou invertébrés.
L'homme exploite les chaînes alimentaires de différentes manières. Lorsqu'il pêche du poisson, il exploite un maillon final ou intermédiaire d'une chaîne. Lorsqu'il élève des huîtres, il ne le fera que dans des zones où elles pourront se nourrir suffisamment de phytoplancton ; il profite donc d'une autre chaîne alimentaire.
Si un seul maillon de la chaîne ne parvient pas se développer normalement (ou s'il se développe plus que la normale), c'est l'ensemble de la chaîne qui est perturbé. Certaines pollutions sont, par exemple, à l'origine de véritables catastrophes pour l'environnement, notamment les marées noires. C'est aussi le cas lorsqu'un animal comestible est surexploité (par la pêche amateur ou professionnelle). En bref, chaque action de l'homme est susceptible de modifier les chaînes alimentaires : l'équilibre et la survie de notre littoral sont donc l'affaire de tous.

Le plancton

Le plancton est la base de la vie dans les eaux marines. Il est constitué d'animaux et de végétaux dont la taille est en général inférieure à 1 mm et souvent invisibles à l'œil nu. Il se déplace au gré des courants (le nom de plancton vient du mot grec « errer ») et ne peut lutter contre eux. Par contre, la plupart des organismes qui le composent sont capables de se déplacer un peu, grâce à divers organes de locomotion.
Le plancton renferme une grande diversité d'organismes. Certains ne sont constitués que d'une seule cellule, on dit qu'ils sont unicellulaires ; ils ne mesurent parfois que quelques microns (un micron, ou µ, est égal à un millième de millimètre). D'autres sont plus complexes, ils sont pluricellulaires, et ce sont les plus grands. Aussi bizarre que cela puisse paraître, les méduses appartiennent au plancton malgré leur taille, car elles ne peuvent contrer la force du courant.
Le plancton suit un cycle saisonnier lié à la température, la lumière et la disponibilité en sels minéraux. Sur nos côtes, il est plus abondant du printemps à l'automne, et à faible profondeur, là où pénètre bien la lumière solaire.

Le plancton végétal (phytoplancton)

Ce sont des végétaux unicellulaires ou pluricellulaires, dont la taille dépasse rarement 300 µ. Ils contiennent différents pigments, dont le plus important, de couleur verte, est la chlorophylle. Sous l'action de la lumière captée par ces pigments, et en absorbant du gaz carbonique et des sels minéraux, ces végétaux se développent pour se reproduire rapidement, souvent par simple division. Un élément du phytoplancton en donne donc deux, parfois en 24 h, ce qui explique les proliférations rapides dans de bonnes conditions environnementales.
Il y a deux principales catégories dans le phytoplancton : les Diatomées, les plus abondantes, et les Péridiniens.

Ce n'est pas un vitrail de cathédrale, mais une Diatomée parfaitement ronde, qui montre bien sa frustule composée de silice.

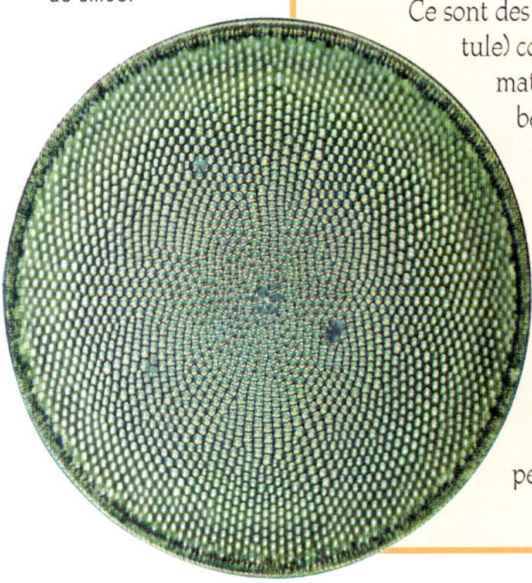

• Les Diatomées

Ce sont des micro-algues enveloppées d'une protection (la frustule) constituée d'un sel minéral particulier, la silice. Schématiquement, elles ont la forme d'une boîte de camembert, avec un couvercle et un fond. Lors de la reproduction, ces deux éléments régénèrent la partie manquante pour produire deux diatomées.
Ces micro-algues jouent un rôle important dans l'alimentation des mollusques bivalves (huîtres, moules).

• Les Péridiniens (ou Dinoflagellés)

Ils ne sont pas constitués de silice et possèdent un flagelle (sorte de fin filament) pour se déplacer. Ils peuvent parfois proliférer de manière excessive, ce

qui peut être inquiétant lorsque l'on consomme des mollusques qui s'en nourrissent.
En effet, certains Péridiniens possèdent une toxine qui va être stockée chez les coquillages sans leur causer de dommages. En revanche, l'ingestion de ces derniers par l'homme peut entraîner des gastro-entérites. Les eaux et les coquillages étant surveillés par des scientifiques, la récolte et la vente sont alors interdites plus ou moins longtemps.

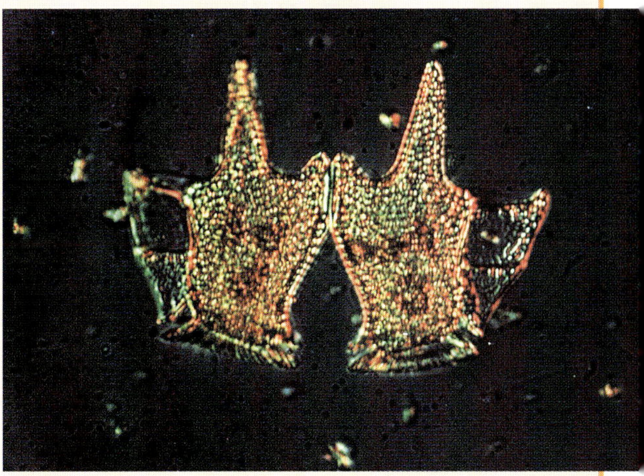

Les Péridiniens, contrairement aux Diatomées, ne sont pas constitués de silice et se déplacent à l'aide d'un fin filament.

LE PLANCTON ANIMAL (ZOOPLANCTON)

Il renferme des animaux unicellulaires ou pluricellulaires, en général mobiles. Une partie d'entre-eux sont planctoniques toute leur vie, comme certains crustacés. Parmi eux, les copépodes sont les plus connus : ils ne dépassent pas souvent la taille d'un millimètre, et figurent parmi les proies favorites des larves de poissons. Le zooplancton est également constitué de larves qui ne seront que temporairement planctoniques. Après métamorphose, elles vont en effet rejoindre le necton (animaux qui nagent en pleine eau, par exemple le calmar), ou le benthos (animaux qui vivent sur ou dans le sol, par exemple les anémones, les crabes et les palourdes). Parmi les invertébrés, cette dernière catégorie est la plus importante.
Il y a du zooplancton herbivore, deuxième maillon de la chaîne alimentaire, car il se nourrit de phytoplancton. Il y a également du zooplancton carnivore qui se nourrit des précédents et constitue donc le troisième maillon de la chaîne alimentaire. Il ne peut donc y avoir du zooplancton que là où se sera développé auparavant du phytoplancton.

Les espèces introduites

Un certain nombre d'animaux et de végétaux ne sont pas originaires de nos côtes, mais ont été introduits volontairement ou involontairement. Les algues semblent détenir un record, puisque près d'une centaine d'espèces sont considérées comme d'origine étrangère.

La palourde japonaise *(Rudipates philipinarum)* a été volontairement introduite en France pour y être cultivée.

L'introduction volontaire de l'huître japonaise a sauvé l'ostréiculture française à la fin des années 60.

POURQUOI A-T-ON IMPORTÉ VOLONTAIREMENT CERTAINS ANIMAUX ?

Principalement pour des raisons commerciales, car ils sont consommés et appréciés. Introduite à partir de la fin du XIXe siècle, l'huître creuse portugaise (*Crassostrea angulata*) était couramment élevée en France, en complément de l'huître plate indigène. Décimée par une maladie dans les années soixante, elle a pratiquement disparu. Elle a été remplacée par l'huître creuse japonaise (*Crassostrea gigas*), également importée, à la fin des années 60 et au début des années 70. La palourde japonaise (*Ruditapes philippinarum*), originaire du Japon, mais aussi des côtes nord-américaines du Pacifique, est localement élevée sur nos côtes. Elle n'a pas pris la place de notre espèce autochtone, la palourde européenne (*Ruditapes decussatus*), bien que des populations se soient établies en milieu naturel.

COMMENT SONT ARRIVÉES LES ESPÈCES INTRODUITES ACCIDENTELLEMENT ?

Il y a plusieurs voies d'introduction. Certains organismes sont arrivés sur les coques ou dans les eaux de ballast des bateaux. D'autres sont parvenus en Méditerranée à partir de la mer Rouge, par le canal de Suez, soit véhiculés par les courants (algues épaves détachées de leur support), soit progressivement, en colonisant lentement et naturellement nos côtes. On évoque parfois le réchauffement des eaux pour expliquer ces acclimatations

Undarie *(Undaria pinnatifida)*.

D'autres encore ont involontairement accompagné des espèces volontairement introduites ! Avec l'huître japonaise, nous avons transporté sur nos côtes deux algues brunes, *Undaria pinnatifida* et la sargasse (*Sargassum muticum*). C'est aussi le cas de la crépidule (*Crepidula fornicata*), originaire d'Amérique, qui serait parvenue en Grande-Bretagne avec un lot d'huîtres importées de ce continent, à la fin du XIXe siècle, et en France à la fin de la Seconde Guerre mondiale, sur des bateaux militaires.

Il reste un dernier cas d'introduction involontaire, celui de l'algue verte *Caulerpa taxifolia*. Beaucoup d'encre a coulé à son

Caulerpe à feuille d'if *(Caulerpa taxifolia)*.

Quelques espèces introduites involontairement

- L'algue verte *Codium fragile*, vers 1920 : elle ressemble à *Codium tomentosum*, et est originaire de la région indo-pacifique.
- L'algue rouge à crochets (*Asparagopsis armata*) : elle forme des touffes de 20 cm de haut. Origine Nouvelle-Zélande, introduction au milieu des années 20. Cultivée à petite échelle à Ouessant pour l'extraction de molécules destinées au secteur médical.
- L'ascidie plissée ou violet pédonculé (*Styela clava*) : on la rencontre normalement au Japon, en Europe depuis les années 50, sur nos côtes depuis 1975.
- La balane de Nouvelle-Zélande (*Elminius modestus*) : depuis 1940, commune en Atlantique.

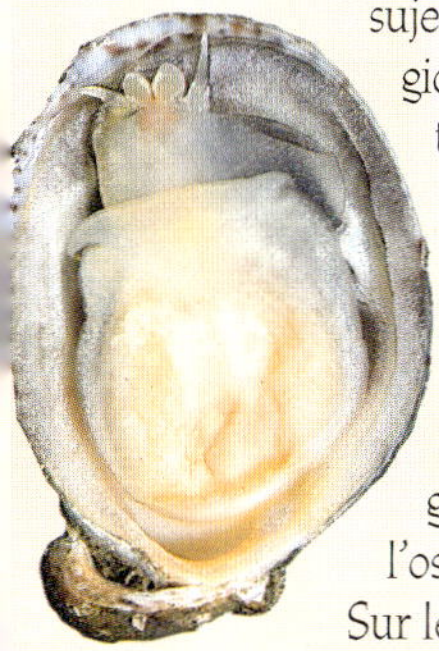

sujet (elle a même fait l'objet d'un roman politico-écologique !). Il semble que son apparition en Méditerranée, très accidentelle, soit due au milieu aquariophile.

Quel est l'impact de ces introductions ?

Pour les introductions volontaires de mollusques comestibles, le résultat est globalement positif sur le plan économique. L'importation d'huîtres étrangères au cours de ces trente dernières années a sauvé l'ostréiculture française.
Sur le plan écologique, le bilan est nettement plus mitigé. Les espèces résistantes qui se sont implantées sur nos côtes concurrencent (ou pourront le faire) la faune et la flore indigène en occupant leur biotope, ou en se nourrissant des mêmes aliments.
Il est important de prendre conscience des modifications écologiques qu'impliquent les introductions d'espèces non indigènes. Il est peut-être possible de les éviter ou de les contrôler : c'est l'affaire de tous, pour la protection de l'environnement et du patrimoine naturel.

Les marées

La mer est un système mouvant, rythmé par les marées, excepté en Méditerranée où le niveau de l'eau ne varie que de quelques décimètres. Il est donc important de connaître leur fonctionnement, ne serait-ce que pour des raisons de sécurité.
Deux fois par jour, l'eau monte (c'est le flux) jusqu'à la marée haute, puis redescend (c'est le jusant) jusqu'à la marée basse. L'intervalle entre deux marées hautes (et deux marées basses) est de douze heures trente environ. Il y a donc un décalage des marées de quelque soixante minutes entre deux journées consécutives : si la marée est haute à 15 h un certain jour, elle le sera de nouveau le lendemain à 16 h, et le surlendemain à 17 h. Deux fois par mois, l'eau monte plus haut et se retire plus au large : ce sont les grandes marées ou marées de vive-eau. Deux fois par mois également, en

alternance avec les marées de vive-eau, il y a les petites marées ou marées de morte-eau : la mer monte moins haut et se retire moins loin. Ces phénomènes sont bien matérialisés par le niveau de l'eau le long des quais des ports par exemple. Deux fois par an, lors des équinoxes de printemps et d'automne, se produisent les plus grandes marées : les zones découvertes sont alors très étendues et permettent parfois des pêches miraculeuses. Mais, attention, la mer peut remonter très vite à ces périodes !

L'importance des marées est mesurée grâce à des coefficients variant de 20 à 120 :
20 : faible marée de morte-eau
70 : marée moyenne
120 : forte marée de vive-eau

La périodicité et l'amplitude des marées sont déterminées par les positions respectives de la Terre, de la lune, du soleil. Bien entendu, l'influence des marées sur la faune et la flore est très importante. À marée basse, beaucoup d'animaux mobiles se cachent sous les roches ou s'enfouissent, cherchant une humidité maximale pour survivre. À marée haute en revanche, ils se déplacent (souvent pour rechercher leur nourriture) ; ils sont alors plus faciles à observer, mais plus difficiles à capturer.

La zonation du littoral

L'existence des marées détermine une zonation verticale des côtes, plus visibles dans les zones rocheuses, qui conditionne la vie marine.

Étage médiolittoral sur les côtes de Bretagne.

L'ÉTAGE SUPRALITTORAL

Situé au-dessus du niveau des hautes mers de vive-eau, il reste émergé la plupart du temps, uniquement sous influence des vagues et des embruns. On n'y rencontre que des organismes résistants à l'assèchement et à la chaleur, par exemple les balanes.

L'ÉTAGE MÉDIOLITTORAL

Il est compris entre les hautes mers de vive-eau et les basses mers de morte-eau ; il est donc régulièrement découvert. La faune s'est adaptée à ce phénomène et peut résister temporai-

rement à l'assèchement : les crabes s'enterrent dans le sable humide, les bigorneaux restent à l'abri des algues, les moules et les huîtres fixées sur les rochers se ferment. L'estran, zone alternativement recouverte et découverte par les eaux, couvre le médiolittoral et la partie supérieure de l'infralittoral.

Zone infratittorale assez rarement découverte. Les algues sont encore présentes.

L'ÉTAGE INFRALITTORAL

La diversité d'organismes y est importante. Son niveau supérieur se situe aux basses mers de morte-eau, son niveau inférieur correspond à la limite de répartition des laminaires en Atlantique et des posidonies en Méditerranée. Sa frange supérieure est donc en partie découverte quelques jours par mois, lors des marées de vive-eau.

L'ÉTAGE CIRCALITTORAL

Il n'est jamais découvert par les eaux ; il n'y a plus de laminaires. Sa limite la plus basse correspond à l'absence de vie végétale, faute de lumière (soit 100 à 200 m de profondeur suivant les endroits).

LA ZONATION DU LITTORAL EN FONCTION DES MARÉES

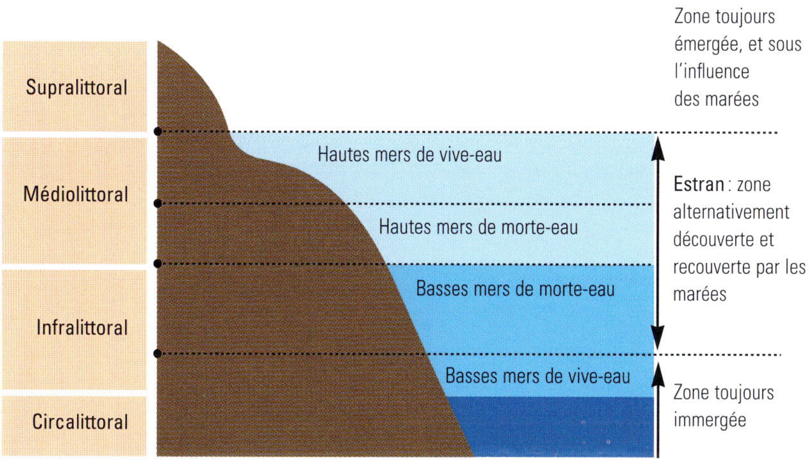

Observation et récolte des organismes marins

Pêcher sur le littoral, c'est un jeu, un plaisir et même souvent une passion !

On peut découvrir la vie marine à pied, à marée basse, dans les flaques ou dans les eaux peu profondes. On peut également pénétrer sous l'eau, soit en plongée libre (ou apnée) avec simplement un masque et un tuba, soit avec des bouteilles.
À une époque où l'on parle de plus en plus de préservation de la nature, il est cependant important de respecter certaines règles (parfois imposées par la législation). Ainsi, il est inutile de récolter plus que l'on ne peut consommer, et il ne faut pas ramasser d'animaux qui portent des œufs.

Quand observer et récolter à pied ?

Les basses mers de vive-eau sont souvent les périodes les plus propices à l'observation et à la récolte : la mer libère alors de grandes zones sableuses et rocheuses propres à l'investigation. Pourtant, il n'est pas toujours nécessaire de s'éloigner du rivage, car les tempêtes et les coups de mer ramènent souvent sur la plage un grand nombre d'espèces (vivantes ou mortes). On peut ainsi récolter des animaux marins (notamment des coquillages) qui vivent en eau plus profonde, et que l'on ne voit habituellement pas.

En dehors de ces périodes, un peu d'attention suffit pour observer les animaux sur une quelconque plage, sur des rochers et dans les flaques d'eau à marée basse.

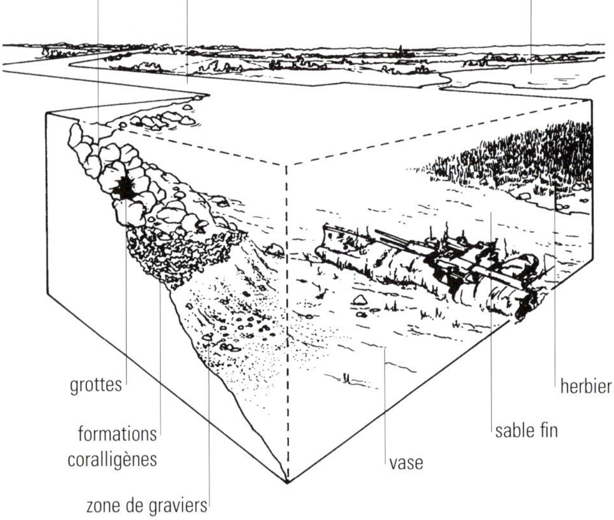

LES MILIEUX

Les zones sableuses

Elles abritent un grand nombre d'organismes qui se tiennent cachés. Elles constituent des lieux privilégiés pour la récolte des vers qui servent d'appâts et des mollusques bivalves (palourdes, coques). Les flaques et les mares qui subsistent à marée basse sont le refuge des crevettes, des crabes et de beaucoup d'autres invertébrés.

Les estuaires et les baies

Les embouchures des fleuves et des rivières côtières sont rarement découvertes à cause de l'apport en eau douce. Néanmoins, ce sont souvent des zones peu profondes, généralement accessibles, mais toujours plus ou moins envasées, il faut donc s'y aventurer avec prudence. Elles renferment une faune et une flore particulières, adaptées aux eaux à salinité variable. On y trouve certaines espèces en abondance, dont les coques.

Les zones rocheuses

On peut y découvrir de nombreuses espèces d'algues qui protègent une faune diversifiée : crustacés, mollusques gastéropodes. Souvent, les animaux sont cachés sous les pierres ; il faut donc déplacer ces dernières. Dans ce cas, on aura bien soin de les remettre exactement dans leur position d'origine, car elles sont recouvertes d'une faune et d'une flore, parfois imperceptibles à l'œil nu, qui ne supportent pas de changement de milieu ou d'orientation (notamment en fonction de la lumière).

Précautions à prendre et équipement

Comme évoqué précédemment, marées et conditions climatiques doivent inciter à la prudence. Avant de s'aventurer en mer, à pied, en bateau ou en

La plongée

Lorsqu'on ne peut pas accéder à un organisme en tendant la main dans l'eau, reste la ressource d'y mettre la tête ! La plongée sous-marine peut bien sûr se pratiquer avec une bouteille d'air comprimé (plongée en scaphandre autonome), mais sachez qu'il faut impérativement apprendre technique et règles de sécurité avec un moniteur diplômé. Il y a également la plongée libre avec un masque, un tuba pour respirer et éventuellement des palmes pour se propulser ; lorsqu'on descend, c'est en retenant sa respiration, en apnée.Pour vous procurer l'équipement, adressez-vous à un magasin spécialisé. Cela vous coûtera un peu plus cher, mais vous éviterez les déboires (voire les dangers) liés à du matériel inadapté. Et les conseils d'un vendeur restent inestimables ! Sachez que toute récolte d'organismes marins est interdite si vous plongez en scaphandre autonome. La réglementation pour la plongée libre (espèces interdites, taille minimale de capture, quantités autorisées, éventuelles interdictions saisonnières ou locales) est plus stricte que pour la pêche à pied. Il est donc impératif de se renseigner auprès des autorités locales.

Attention ! Des règles de prudence s'imposent lorsque l'on s'aventure dans le milieu marin.

plongée, il est donc très important de prendre connaissance des prévisions, du niveau et des heures de marées. De plus, il est prudent de ne jamais être seul et de prévenir quelqu'un en lui signalant l'endroit où l'on se rend.
Tout le monde peut se livrer à la pêche à pied le long du littoral, et cela toute l'année, mais certains engins sont interdits ou soumis à des réglementations. Il vaut mieux se renseigner auprès des Affaires maritimes ou des capitaineries (dans les principaux ports), dans les mairies, ou contacter le Ministère chargé de la Mer. Les services de ces deux organismes vous indiqueront également la taille légale minimale de certaines espèces, les espèces protégées dont la récolte est interdite, les éventuelles restrictions sur les périodes de récolte, les quantités autorisées. Pour finir, rappelons qu'il est strictement interdit au pêcheur amateur de vendre le fruit de sa pêche.

L'ÉQUIPEMENT

Selon la saison, il faut prévoir des habits protégeant du froid, du vent ou du soleil. En été, il est prudent de prévoir un chapeau, de la crème solaire et des lunettes de soleil. Dans tous les cas, des chaussures sont indispensables : soit de vieilles chaussures de sport dans les zones rocheuses, soit des sandales en plastique dans les zones sableuses. Il ne faut pas oublier une bonne montre étanche, pour surveiller l'heure de la marée montante ! Une petite pharmacie simple n'est pas à négliger, elle doit au moins contenir un désinfectant et des pansements.

LE MATÉRIEL DE RÉCOLTE

Divers instruments peuvent être utilisés pour récolter des animaux : des épuisettes pour les crevettes et les crabes, un bon couteau pour certains mollusques fixés, un sarcloir, un rateau ou une grande fourchette pour déterrer les mollusques bivalves. Une bêche ou une fourche à dents serrées est indispensable pour déterrer les vers enfouis dans le sédiment. Les animaux vivants peuvent être transportés dans un seau rempli d'eau. Les animaux morts destinés à la consommation seront placés dans des paniers en osier, dans des filets à mailles fines (ceux qui emballent les fruits ou les légumes), ou plus simplement dans des poches en plastique.

Conservation des animaux récoltés

Pour la consommation

Certains mollusques bivalves doivent dégorger dans de l'eau salée et légèrement vinaigrée pendant deux à six heures, pour se débarrasser des particules qu'ils renferment dans leur coquille. Après avoir été soigneusement nettoyés, tous les animaux comestibles seront conservés au froid, dans le bas du réfrigérateur ; il est préférable de les consommer ou de les cuire le plus rapidement possible.

Pour un aquarium

Certains invertébrés peuvent être gardés en aquarium. Afin que leur comportement reste le plus proche possible de celui qu'ils ont en milieu naturel, il vaut mieux reconstituer leur environnement (sable, roches, algues) et prévoir des cachettes si nécessaire. Il faut aussi tenir compte des incompatibilités qui existent entre de nombreux animaux, certains se nourrissant des autres. Les invertébrés restent néanmoins très intéressants à observer en aquarium, notamment dans un but pédagogique.
Quelques problèmes peuvent éventuellement se poser pendant l'été, si la température de l'aquarium est trop élevée par rapport à celle que les animaux rencontrent en milieu naturel à la même époque. Dans tous les cas, il est souhaitable d'utiliser une petite pompe d'aération pour brasser et oxygéner l'eau. N'oublier pas de visiter les aquariums publics qui présentent admirablement la faune de notre littoral. Vous apprendrez beaucoup sur les animaux de nos côtes, mais aussi sur les techniques qui permettent de les garder en captivité… en assurant leur bien-être !

Pour réaliser un alguier ou une collection de coquillages

Les algues destinées à figurer dans un herbier nécessitent un traitement particulier. On les étale sur une feuille de bristol, elle-même posée sur une plaque de verre, en travaillant dans une cuvette remplie d'eau douce. On incline ensuite la plaque pour égoutter, puis on recouvre les algues d'un buvard, de papier absorbant et de journaux, avant de les sécher sous presse.
Les coquillages vivants doivent être bouillis, on détache ensuite soigneusement la chair. Les coquilles vides sont soigneusement lavées à l'eau douce, avec une petite brosse à poils souples, et séchées. Elles peuvent être ensuite recouvertes de vernis ou de laque, pour leur redonner un aspect brillant, ou simplement frottées avec un chiffon imbibé d'huile.

LES ESPÈCES

LES VÉGÉTAUX

Les algues les plus abondantes en milieu marin sont invisibles à l'œil nu : constituées d'une seule cellule, ces microalgues planctoniques teintent parfois l'eau en vert brunâtre lorsqu'elles pullulent. Celles que vous rencontrerez sur l'estran ou en plongée sont des macroalgues, que l'on répartit en trois groupes : algues brunes, rouges ou vertes. Toutes contiennent de la chlorophylle, qui permet la photosynthèse, mais d'autres pigments peuvent s'y ajouter selon les groupes. Les algues sont constituées d'un appareil végétatif indifférencié (le thalle) : même si une algue comprend plusieurs parties morphologiquement différentes, la structure des tissus reste la même dans toute la plante.

Les disques pédonculés d'une algue brune, l'himanthale, sont ici entourés de petites algues rouges.

Il existe aussi quelques espèces de phanérogames marines, plantes supérieures montrant une différenciation très nette (racines, tiges et feuilles avec des nervures) héritée de leurs ancêtres terrestres, qui peuvent avoir une importance écologique considérable.

Classification des principaux groupes végétaux marins

- Algues unicellulaires brunes/Macroalgues brunes
- Algues unicellulaires rouges/Macroalgues rouges
- Algues unicellulaires vertes/Macroalgues vertes// Phanérogames (quelques espèces de plantes supérieures retournées à la mer)

Les algues brunes

Des nombreuses espèces microscopiques aux grandes laminaires, les algues brunes (ou Fucophycées) possèdent des chlorophylles a et c, auxquelles s'ajoutent des pigments (carotènes et xanthophylles) à l'origine de leur teinte brune ou jaunâtre. Les grandes algues de la zone des marées font partie de ce groupe.

Dictyote

N.L. : *Dictyota sp.* **Fam. :** Dictyotacées

Les différentes espèces de dictyotes comptent parmi les algues brunes les plus courantes.

• **Description :** Ces algues sont constituées d'une lame qui se divise en éventail de façon dichotome : chaque ramification donne deux rameaux symétriques. Le thalle est fin et souple, de coloration brun-jaune, parfois avec des irisations bleutées, visibles seulement en plongée. Les touffes mesurent de 10 à 20 cm en général, parfois 50 cm.

• **Habitat :** On rencontre les dictyotes dans la zone des marées (sous la mi-marée) et au-delà, souvent sur d'autres algues (épiphytes). En Méditerranée, elles vivent jusqu'à 20 à 30 m, de préférence sur les roches bien éclairées.

• **Biologie :** Ces algues annuelles abondent au printemps et en été ; on les trouve alors souvent échouées sur des plages. Elles disparaissent à peu près complètement en période froide.

Padine queue-de-paon (*Padina pavonica*). Les éventails en cornets, ne dépassant guère 5 à 10 cm, sont caractéristiques. Coloration brun clair, marquée de blanc crayeux (calcification partielle). Espèce courante en Méditerranée sur les roches éclairées peu profondes et pas trop exposées à la mer ; présente également en Atlantique.

Cystoseire (*Cystoseira sp.*). Il existe plus de 30 espèces de cystoseires sur nos côtes, en particulier en Méditerranée. Elles forment des petits buissons ramifiés à base coriace, et perdent tout ou partie de leurs rameaux à l'automne. Les différentes espèces peuvent vivre de la surface à plus de 100 m, et mesurent de 5 cm à 1,30 m.

Fucus vésiculeux

N.L. : *Fucus vesiculosus* **Fam.** : Fucacées
Syn. : Varech vésiculeux

Fréquemment rencontrée sur les plateaux de fruits de mer, cette algue est l'une des plus répandues dans la zone des marées.

• **Description** : Le fucus se présente sous forme de lanières au bord régulier, de 2 à 3 cm de large en général, divisées de façon dichotome. Ces rubans portent une « nervure » médiane bien marquée, ainsi que des vésicules arrondies emplies de gaz faisant office de flotteurs, souvent disposées par paires. En période de reproduction, l'extrémité des rameaux développe des renflements (réceptacles sexuels) à la surface pustuleuse. La coloration générale est d'un vert sombre plus ou moins brunâtre. Cette algue peut atteindre 70 cm à 1 m.

Fucus vésiculeux

• **Habitat** : Le varech vésiculeux forme une ceinture au-dessus du niveau de la mi-marée, parfois importante dans les zones relativement abritées. Il est souvent accompagné de l'ascophylle (voir page suivante), qui remonte toutefois un peu plus haut.

Fucus vesiculosus forme *evesiculosus*

• **Biologie** : L'aspect du thalle peut varier notablement selon les conditions du milieu, les flotteurs étant d'autant plus nombreux que la zone est abritée. Il existe en particulier une forme dénuée de flotteurs, typique des milieux très battus (*Fucus vesiculosus* forme *evesiculosus*).

• **Utilisation** : Cette espèce et le varech denticulé font l'objet d'une exploitation importante : farines pour le bétail, utilisation en diététique (algues riches en iode et en vitamine C), en cosmétologie, mais aussi dans l'industrie alimentaire (alginates) et même pharmaceutique.

Varech spiralé

Varech spiralé, fucus spiralé (*Fucus spiralis*). Ressemble au varech vésiculeux, mais sans flotteurs, les lames étant souvent spiralées. Ne dépasse pas 30 à 40 cm. Vit dans le haut de la zone des marées, plutôt en mode abrité, et supporte la dessalure des estuaires. Atlantique.

Varech denticulé, fucus denté (*Fucus serratus*). Sans flotteurs, ce fucus se caractérise par ses lames bifurquées au bord dentelé. Espèce abondante formant une ceinture proche du niveau des basses mers, en milieu abrité ou battu. De 30 à 80 cm. Atlantique.

Varech denticulé

Les autres algues brunes

Ascophylle

Pelvétie

Ascophylle, goémon noir *(Ascophyllum nodosum)*. Cette algue typique des milieux calmes se différencie de *Fucus vesiculosus* par des lames plus étroites, sans crête médiane ; les flotteurs régulièrement espacés sont alignés un par un. Atteint 1,50 à 2 m. Atlantique.

Pelvétie *(Pelvetia canaliculata)*. Buisson de fines lanières divisées, à la forme en gouttière caractéristique, se recontrant tout en haut de la zone des marées. Coloration brun jaunâtre (dans l'eau) à noirâtre (à sec). De 10 à 15 cm. Atlantique.

Himanthale, haricot de mer *(Himanthalia elongata)*. En hiver, cette algue se réduit à un petit disque pédonculé à l'aspect de champignon. De cette base partent au printemps deux lanières aplaties mais épaisses qui se divisent par endroits, et peuvent atteindre 1 à 2 cm de large, pour 3 m de long. Cette espèce atlantique apparaît dans le bas de la zone des marées. Comestible. Une algue un peu semblable, *Chorda filum*, se présente sous forme de cordons cylindriques visqueux, jamais ramifiés.

Himanthale

QU'EST-CE QUE LE GOÉMON ?

D'origine bretonne, ce terme ne désigne pas une espèce, mais l'ensemble des algues exploitées par l'homme dans la zone des marées. Le « goémon de rive » comprend les principales algues brunes de l'estran (Fucus, Ascophylle), mais aussi diverses algues rouges ; le « goémon de fond » est surtout constitué de laminaires (récoltées en bateau) ; enfin, le « goémon d'épave » se compose de toutes les algues qui s'échouent sur les plages.

LA SARGASSE JAPONAISE

Sargassum muticum est une algue d'aspect touffu, de couleur brun sombre à jaunâtre. De nombreux petits flotteurs latéraux sont portés par un court pédoncule.
Elle peut atteindre 5 à 10 m de long ! Importée accidentellement en Angleterre en 1973 avec des huîtres japonaises, cette sargasse prolifère désormais sur nos côtes atlantiques, mais aussi en Méditerranée (golfe du Lion).

Laminaire rugueuse

N.L. : *Laminaria hyperborea*
Syn. : Tali penn
Fam. : Laminariacées

N'émergeant que lors des plus grandes marées, cette laminaire détermine l'essentiel des paysages sous-marins côtiers de Bretagne.

• **DESCRIPTION :** Cette algue est constituée d'une large lame brune divisée en lanières, portée par une tige verticale (le stipe, dont la rugosité est caractéristique de l'espèce) fixée à la roche par un bouquet de crampons. Le stipe atteint parfois 2 m, et l'ensemble de l'algue peut dépasser 3 m.

Laminaire rugueuse

• **HABITAT :** Essentiellement infralittorale, la laminaire rugueuse se rencontre jusqu'à 20 m de profondeur, mais émerge parfois lors des grandes marées. Elle est surtout abondante dans les milieux rocheux battus, où elle forme de véritables forêts, parfois en association avec d'autres laminaires.

• **BIOLOGIE :** Le stipe rugueux est souvent couvert d'algues (épiphytes) ou d'animaux fixés (épibiontes). La laminaire rugueuse est une espèce pérenne, qui peut vivre de dix à quinze ans.

• **UTILISATION :** Les laminaires sont utilisées depuis fort longtemps. Elles ont d'abord fait office d'engrais, puis de source de soude pour l'industrie verrière. On en a ensuite extrait de l'iode jusque dans les années 50, et aujourd'hui des alginates ou du mannitol.

FORÊTS SOUS-MARINES

En bien des endroits, la densité des laminaires est telle que le fond rocheux disparaît totalement sous un ondoyant manteau brun. Sous les frondes, dans la pénombre de ces véritables forêts sous-marines, grouillent toutes sortes d'organismes qui trouvent là des conditions particulièrement favorables. Le premier caractère écologique original est l'obscurité qui règne dans ce « sous-bois », condition favorable aux algues rouges, dont beaucoup craignent les fortes lumières, mais surtout aux animaux fixés (éponges, cnidaires, ascidies…). Les laminaires se développant surtout près de la surface, dans des zones agitées par les vagues ou les courants, ces animaux fixés bénéficient également d'un renouvellement permanent du plancton, dont ils se nourrissent. Enfin, les frondes des laminaires, et surtout les stipes rugueux de *Laminaria hyperborea*, constituent un support idéal pour tous ces organismes fixés. Dès lors, comment s'étonner que les forêts de laminaires soient aussi l'habitat de nombreuses espèces de poissons, crustacés ou mollusques, qui trouvent là un garde-manger bien rempli ?

Les autres laminaires

Laminaire digitée (*Laminaria digitata*). Cette laminaire à large fronde, divisée en lanières, se reconnaît à son stipe lisse et souple, qui se courbe lorsque l'algue est émergée. Vit autour de la limite des basses mers. Durée de vie : 4 à 5 ans. 3 ou 4 m. Des eaux nordiques au sud de la Bretagne.

Laminaire jaune (*Laminaria ochroleuca*). Assez semblable à la laminaire digitée, elle s'en différencie par son stipe qui reste dressé à marée basse, et par la coloration jaunâtre de la base de la lame. Atlantique ; populations profondes en Méditerranée.

Laminaire bulbeuse (*Saccorhiza polyschides*). La base du stipe aplati est ornée de lames ondulées, et se fixe au rocher par un bulbe creux, contourné et hérissé de petites protubérances. Espèce annuelle qui atteint habituellement 2 à 3 m en un an, mais parfois jusqu'à 10 m ! Atlantique ; populations profondes en Méditerranée.

Alaria (*Alaria esculenta*). Non illustrée. Le court stipe se prolonge par une lame allongée de 15 cm de large, marquée d'une forte « nervure » centrale. Organes reproducteurs sous forme d'expansions de 10 à 15 cm en bouquet autour du stipe. Apprécie les milieux battus. 2 m. Des eaux nordiques au sud de la Bretagne.

Laminaire sucrée, ceinture de Neptune (*Laminaria saccharina*). La lame de cette espèce, fortement gaufrée, n'a pas de nervure ; elle atteint 3 à 4 m pour 30 cm de large. Préfère les milieux abrités. Atlantique.

Laminaire digitée

Laminaire jaune

Laminaire sucrée

Laminaire bulbeuse

LA RÉPARTITION DES ALGUES DANS LA ZONE DES MARÉES

Les algues ne se répartissent pas au hasard : éclairement, agitation de l'eau et type de substrat sont par exemple des facteurs majeurs dans la structuration des peuplements algaux. Dans la zone de balancement des marées (l'estran), c'est la durée de l'émersion qui devient le facteur dominant : d'elle dépendent les risques de dessèchement et de dessalure (pluie), ou les variations de température.
Les algues dominantes de la zone des marées se répartissent en bandes horizontales, ou ceintures algales, au niveau qui leur convient le mieux. Certaines constituent ainsi des repères bien commodes pour situer la distribution verticale d'autres organismes.
L'illustration ci-dessous montre comment les algues les plus caractéristiques se répartissent sur l'estran des côtes de l'Atlantique et de la Manche.

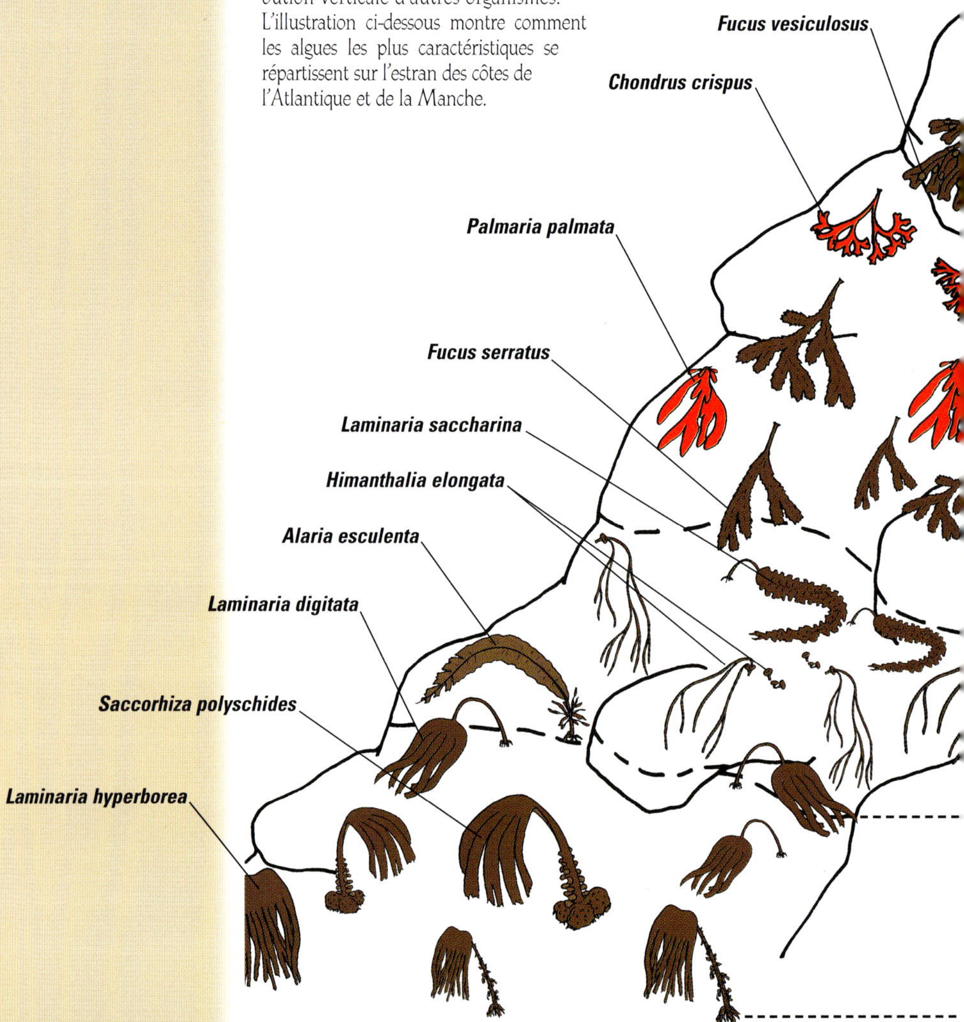

Lichen (Xanthoria parietina)

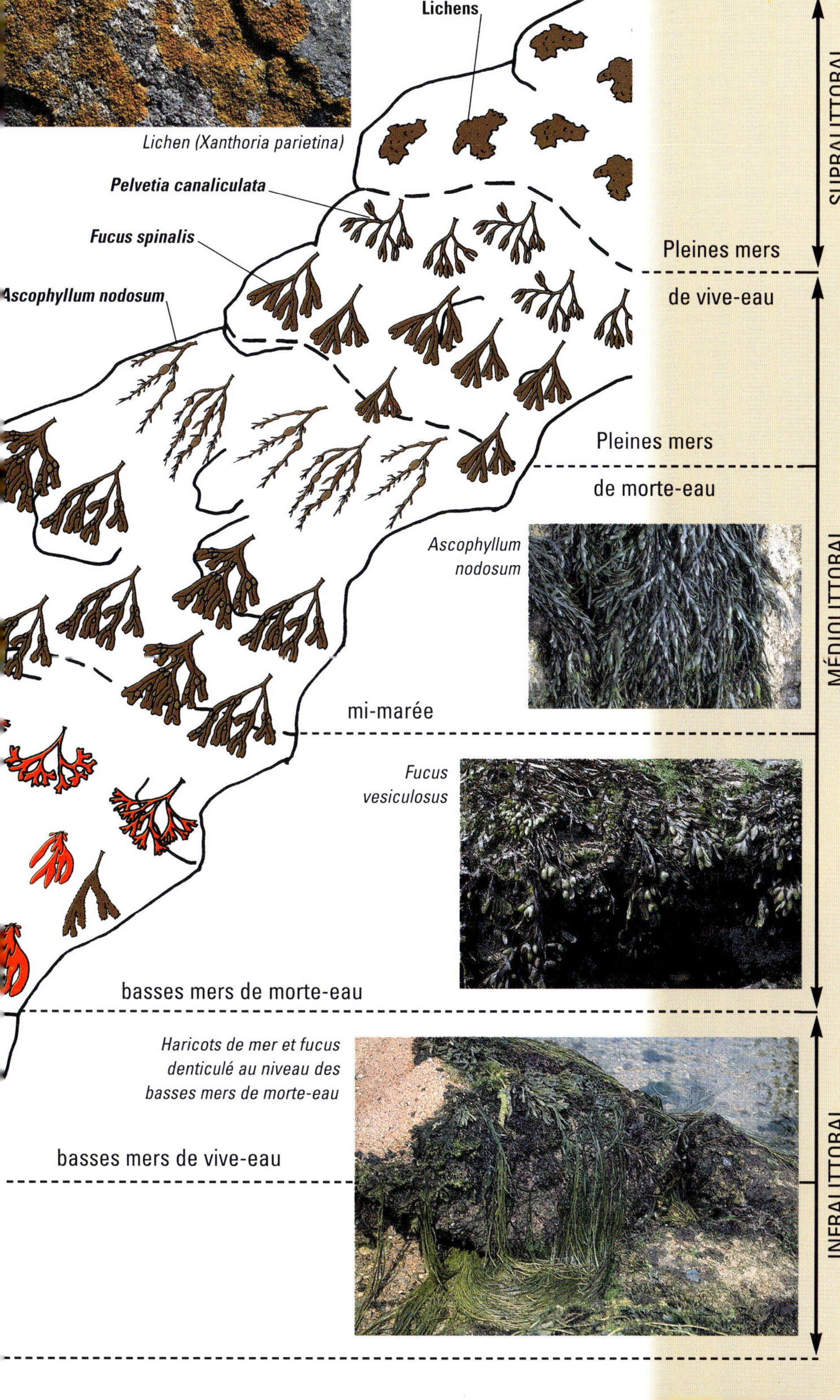

Ascophyllum nodosum

Fucus vesiculosus

Haricots de mer et fucus denticulé au niveau des basses mers de morte-eau

Les algues rouges

Les algues rouges (ou Rhodophytes) sont surtout marines. Elles possèdent de la chlorophylle, mais doivent leur couleur à d'autres pigments (phycoérythrines et phycocyanines). Elles préfèrent la pénombre, mais quelques espèces vivent en pleine lumière dans la zone des marées. Certaines fixent du calcaire dans leurs tissus et sont dures comme la pierre.

Porphyra

N.L. : *Porphyra umbilicalis* **Fam. :** Bangiacées

Il existe plusieurs espèces de porphyra. Celle-ci est la plus commune sur nos côtes atlantiques, où elle est parfois consommée.

• **Description :** De couleur violacée, parfois à tendance verdâtre ou brunâtre, cette algue se présente comme une lame fine, plus ou moins contournée et lobée,.relativement rêche au toucher. Elle est fixée par un petit disque basal. Elle atteint parfois 40 à 60 cm.

• **Habitat :** Assez fréquente dans la zone des marées, la porphyra se rencontre en milieu abrité aussi bien que battu.

• **Biologie :** La durée de vie de cette algue est assez brève, mais on en rencontre toute l'année, avec un regain d'abondance en automne et en hiver.

Les algues et l'homme

Mélange d'algues séchées.

Presque chaque jour, nous sommes en contact avec des algues, ou avec des produits contenant des substances qui en sont extraites. Elles renferment en effet des glucides, des protéines, peu de lipides, beaucoup de sels minéraux et de vitamines, en proportions variables suivant les espèces.

Les algues sont cultivées dans le monde entier (plus de 6 millions de tonnes), principalement dans le Sud-Est asiatique, pour l'alimentation des populations locales, ou pour l'exportation dans les pays occidentaux. En France, elles sont surtout récoltées sur les plages ou en pleine eau, essentiellement sur les côtes de Bretagne ; la production atteint plusieurs dizaines de milliers de tonnes. Les algues brunes sont les plus exploitées, puis les algues rouges et, dans une moindre mesure, les algues vertes. L'industrie des algues, en plein développement, est notamment localisée en Bretagne et en Normandie. Voici une liste, non exhaustive, de leurs principales utilisations :

- alimentation : glaces et crèmes glacées, pâtisseries, produits diététiques (pain, boisson, etc.) ;
- thérapeutique : divers médicaments, bains d'algues ;
- cosmétologie : crèmes et laits pour le corps et le visage, savons, shampooings, dentifrices ;

• **Utilisation :** Cette porphyra est traditionnellement consommée en Grande-Bretagne, crue ou cuite, sous le nom de « laver ». Elle est actuellement commercialisée, séchée ou en poudre, pour un usage essentiellement condimentaire. Des espèces proches sont cultivées en Asie (« nori » du Japon).

Porphyra

Palmarie, dulse (*Palmaria palmata*) [= *Rhodymenia palmata*]. Thalle divisé en lanières de 3 à 5 cm, et fixé par un petit disque basal. Coloration rouge à rosée, virant au vert jaunâtre en été. Se trouve en dessous de la mi-marée. Atteint 50 cm, parfois 1 m. Atlantique.

Varech polymorphe, pioka (*Chondrus crispus*). Algue très polymorphe, à l'aspect de petit buisson touffu. Axe cylindrique à la base, qui se divise irrégulièrement en ramifications plus ou moins larges. De la mi-marée à l'infralittoral. de 10 à 20 cm. Atlantique. Consommée depuis mille ans (goût de noix salée), utilisée pour les carraghénanes.

Varech polimorphe

Feuille de châtaignier (*Delesseria sanguinea*). Algue rouge vif translucide, dont la forme et les « nervures » évoquent des feuilles de châtaignier. Développement maximal au printemps. Milieux plutôt battus, en particulier sous les laminaires. Peut dépasser 25 cm. Atlantique.

Palmarie

Feuille de châtaignier

• industrie : papiers, adhésifs, peintures, etc. ;
• énergie : obtention de méthane par fermentation.

Depuis quelques années, des essais de culture sont entrepris avec l'algue *Undaria pinnatifida*, importée du Japon, notamment en Bretagne. De jeunes plantules sont produites en laboratoire, puis transférées en mer sur des cordes horizontales soutenues par des bouées, les filières.
En quelques mois, les algues atteignent 1 m de long et sont séchées pour être commercialisées (une centaine de tonnes à l'heure actuelle).
On en trouve de plus en plus souvent prêtes à l'emploi, même dans certaines grandes surfaces ; des mélanges de différentes espèces réduites en paillettes sont vendus sous le nom d'épices de la mer. Elles sont directement employées comme aliments, dans des soupes, du riz, ou avec du poisson. Leur utilisation alimentaire est encore réduite dans notre pays, contrairement à l'Asie : la consommation annuelle d'algues d'un Français (quelques dizaines de grammes) correspond à ce que mange un Japonais en une journée !

Undaria pinnatifida

Plocamium

N.L. : *Plocamium cartilagineum [= P. coccineum]* **Fam. :** Plocamiacées

De nombreuses algues rouges prennent l'aspect de buissons très ramifiés ; celle-ci est l'une des plus faciles à identifier.

• **DESCRIPTION :** Polymorphe, le plocamium a généralement un aspect touffu. Les axes, de section légèrement aplatie, sont très ramifiés ; les ramules les plus fines des extrémités sont disposées d'un seul côté, comme les dents d'un peigne. De coloration rose à rouge vif, cette espèce atteint 15 cm.

• **HABITAT :** Cette algue infralittorale pousse à faible profondeur dans les endroits ombragés : forêts de laminaires en Atlantique, grottes et surplombs en Méditerranée.

• **BIOLOGIE :** Il s'agit d'une espèce annuelle, dont le développement maximal s'effectue en été. Elle se rencontre souvent en épiphyte sur les stipes de la laminaire rugueuse.

• **UTILISATION :** Les Romains ont utilisé son pigment rouge en cosmétique.

LES ALGUES BÂTISSEUSES

Lithothamnion calcareum

Les algues calcaires encroûtantes comptent parmi les principaux « bioconstructeurs » du monde marin, au point qu'elles donnent naissance sur nos côtes à des milieux sous-marins spécifiques.

Les fonds de maërl se forment sur les côtes atlantiques, dans certaines zones balayées par les courants, entre 10 et 30 m de profondeur principalement, selon la transparence de l'eau. Le maërl se présente comme un gravier aux grains très irréguliers, lobés, de couleur rosée. Il s'agit en fait de thalles d'algues calcaires (*Lithothamnion [= Phymatolithon] calcareum*, rose violacé, et dans une moindre mesure *L. corallioides*, rouge orangé) qui se développent sans être fixés, leur forme étant déterminée par les mouvements que leur imposent les courants. Les grains de maërl mort, traditionnellement utilisés en agriculture, sont d'un blanc sale.

Les fonds coralligènes se développent en Méditerranée au-delà de 20 à 25 m, c'est-à-dire

Algue encroûtante calcifiée

N.L. : *Lithophyllum incrustans* **Fam.** : Corallinacées

Il s'agit d'une algue rouge, qui doit à sa calcification sa teinte mauve rosé. Morte, elle devient blanc jaunâtre.

• **Description :** Le thalle forme une croûte dure qui épouse la forme de son support. Les croûtes d'individus voisins s'étalent et se rejoignent, formant dans les zones de contact des bourrelets caractéristiques. La coloration est généralement d'un mauve très pâle, plus ou moins grisâtre ou rosé.

• **Habitat :** Cette algue peut vivre entre la surface et 10 à 20 m de profondeur, mais c'est dans les premiers mètres ou dans les flaques littorales qu'elle prospère le mieux, recouvrant la roche d'une croûte continue, d'autant plus claire que l'éclairement est intense.

• **Biologie :** Généralement en couche fine sur la roche, cette algue peut localement former des encorbellements, les thalles se superposant les uns aux autres. Résistante au broutage, elle couvre souvent en Méditerranée des étendues considérables de roche dans les zones surpâturées par les oursins.

Coralline (*Corallina elongata*) [= *C. mediterranea*]. Algue dressée, à ramification pennée, constituée d'articles calcifiés successifs. Gris beige à rose violacé, souvent avec les extrémités plus claires. Espèce superficielle, mais ne supportant qu'un assèchement momentané. 3 à 10 cm. Sur toutes nos côtes.

Coralline

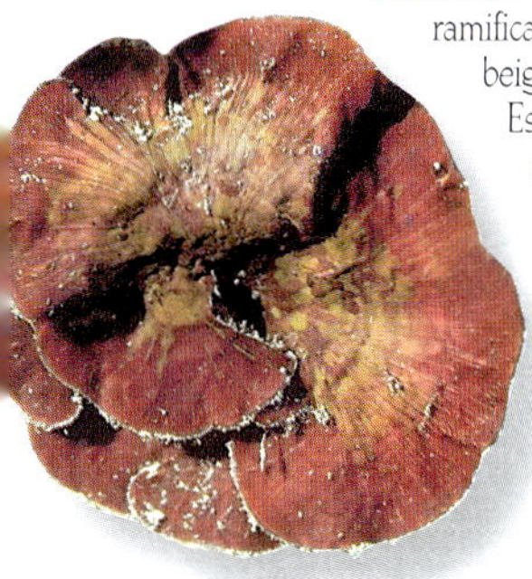

◄ **Peyssonnelia** (*Peyssonnelia sp.*). Algue partiellement calcifiée (texture non pierreuse) formant des croûtes brunes à rouge sombre, plus ou moins en éventail, avec la marge décollée. Sous les cailloux, grottes et surplombs de la surface à 100 m, en particulier dans le coralligène. Au moins 15 espèces, de 5 à 20 cm. Sur toutes nos côtes.

essentiellement dans l'étage circalittoral. Ces structures concrétionnées, qui atteignent parfois plusieurs mètres d'épaisseur, sont l'œuvre de trois espèces principales : *Pseudolithophyllum expansum*, *P. cabiochae* et *Mesophyllum lichenoides*. Percé de nombreuses cavités, le coralligène abrite du corail rouge (d'où son nom) et bien d'autres animaux fixés dont les squelettes complètent et renforcent la matrice calcaire que constituent les lames superposées de milliers de générations d'algues calcifiées.

Le trottoir à *Lithophyllum* se développe sur certaines côtes rocheuses de Méditerranée au niveau de la surface, surtout dans des renfoncements ombragés à fort hydrodynamisme. Parfois épais de 50 cm et large de 2 m, cet encorbellement est fabriqué par l'algue *Lithophyllum lichenoides* [= *L. tortuosum*], à laquelle se joignent d'autres organismes calcifiés (vers tubicoles, balanes…).

Pseudolithophyllum cabiochae

LES ALGUES VERTES

Les algues vertes (ou Chlorophytes) sont caractérisées par une nette dominance des chlorophylles a et b, bien que d'autres pigments (carotènes et xanthophylles) puissent être présents. Les algues vertes vivent à 90 % en eau douce, mais certains groupes sont typiquement marins, même s'ils supportent souvent assez bien les eaux dessalées des estuaires.

Ulve

N.L. : *Ulva sp.* **Fam.** : Ulvacées
Syn. : Laitue de mer

Cette algue prolifère volontiers dans les estuaires ou les lagunes riches en éléments nutritifs, où elle est en grande partie responsable de « marées vertes » plus ou moins nauséabondes...

• **DESCRIPTION :** La laitue de mer est constituée d'une lame fine, translucide, non divisée, plus ou moins contournée ou ondulée. Le thalle est normalement fixé au substrat par un petit disque, mais il peut se développer librement sur le fond en eau calme. Il existe plusieurs espèces assez semblables (*U. lactuca, U. rigida, Ulvaria obscura...*) dont la coloration varie du vert tendre au vert sombre, olivâtre ; la couleur vire au jaune dans certaines conditions, et au blanc chez les ulves mortes. La taille atteint 10 à 30 cm selon les espèces, et parfois même 1 m.

• **HABITAT :** La laitue de mer vit dans les zones peu profondes bien éclairées, y compris la zone des marées. Elle supporte les eaux à salinité variable (estuaires, lagunes) et diverses sources de pollution.

• **BIOLOGIE :** Cette algue se développe essentiellement au printemps et en été, proliférant de façon explosive lorsque l'eau est anormalement riche en éléments nutritifs. En été, les frondes âgées sont arrachées par les vagues et s'accumulent parfois sur la côte, où elles sèchent et pourrissent (phénomène des « marées vertes »).

• **UTILISATION :** Récoltée de longue date en Bretagne comme engrais ou aliment du bétail, la laitue de mer est également utilisée pour la consommation (séchée pour assaisonnement, en pâte pour préparations industrielles...).

Entéromorphe

Entéromorphe (*Enteromorpha cf. compressa*). Thalle constitué de tubes aplatis d'un diamètre de 3 à 5 mm en général et longs de 10 à 20 cm. Se rencontre dans la zone des marées ou très près de la surface ; supporte la pollution et les eaux dessalées. Sur toutes nos côtes. Identification difficile (plus de 30 espèces proches !).

Cladophore

Cladophore (*Cladophora sp.*). Algue généralement d'un vert vif, constituée de filaments qui se ramifient en plumeau. Il en existe au moins 30 espèces, d'une taille de 2 à 20 cm. Sur toutes nos côtes.

Bryopsis (*Bryopsis sp.*). Non illustrée. Prenant l'aspect d'une touffe de plumes ou de goupillons suivant les espèces, les bryopsis sont toujours d'un vert sombre. De 3 à 10 cm. Sur toutes nos côtes.

Valonie (*Valonia sp.*). Non illustrée. Algue constituée d'outres creuses d'un vert sombre translucide, souvent avec des reflets métalliques. Ces outres peuvent être quasi sphériques ou au contraire subcylindriques selon les espèces. De 1 à 4 cm. Méditerranée.

Acétabulaire

Acétabulaire (*Acetabularia acetabulum*). Cette algue caractéristique est constituée d'une seule cellule, en l'occurrence son pédicelle, de couleur blanche. L'ombrelle, qui ne se développe qu'en été, est l'organe reproducteur de l'algue. Se rencontre dans les zones superficielles bien éclairées, parfois en peuplements denses, mais aussi jusqu'à 30 m. De 2 à 5 cm (diamètre de l'ombrelle : 5 à 12 mm). Méditerranée.

Les caulerpes

Les caulerpes sont des algues des mers chaudes qui ont beaucoup fait parler d'elles depuis l'introduction accidentelle, puis la prolifération alarmante de *Caulerpa taxifolia*, en Méditerranée. Quatre espèces de caulerpes habitent pourtant cette mer depuis toujours, et l'une d'entre elles est normalement présente sur nos côtes.

Caulerpe méditerranéenne *(Caulerpa prolifera)*. Le thalle est constitué d'un stolon rampant doté de rhizoïdes (sortes de « racines » permettant l'ancrage dans le sable) qui porte des frondes ovales régulièrement espacées, de 2 à 3 cm de large et de 10 à 50 cm de long. Coloration d'un vert franc, plus ou moins sombre selon la saison et les conditions du milieu. Cette caulerpe colonise les fonds sableux ou vaseux, du bord à 15 m environ. Méditerranée (absente des parties les plus froides : golfe du Lion, golfe de Gênes...).

Caulerpe méditerranéenne

Caulerpe à feuille d'if *(Caulerpa taxifolia)*. Surnommée l'algue tueuse, sa structure générale est analogue à celle de la caulerpe méditerranéenne, mais les frondes ont une structure pennée caractéristique ; elles atteignent parfois 50 à 70 cm. Observée pour la première fois en 1984 à Monaco, l'algue occupe quinze ans plus tard quelque 6 000 hectares de fonds marins le long des côtes françaises, italiennes (jusqu'en Sicile), espagnoles (jusqu'aux Baléares), et même adriatiques (Croatie).
Et l'espèce continue à progresser, étouffant toute autre forme de vie végétale dans les zones où elle prospère, ce qui lui a valu le surnom – d'ailleurs nettement abusif – d'algue tueuse.
Il a été démontré que toutes les populations méditerranéennes de cette algue ont exactement le même patrimoine génétique, et proviennent donc bien de la multiplication végétative (bouturage) d'une seule algue d'origine !
La propagation est ainsi assurée par les tempêtes, les filets des pêcheurs ou les ancres de bateaux, qui peuvent transporter des boutures au loin.

Caulerpe à feuille d'if

Caulerpe massue *(Caulerpa racemosa)*. Chez cette espèce, les frondes portent des ramifications peu nombreuses en massues ou en boules, et mesurent habituellement de 5 à 10 cm. Connue jusqu'en 1991 de quelques stations du sud de la Méditerranée, cette caulerpe est actuellement implantée près de plusieurs grands ports italiens ou espagnols, et dans la région de Marseille.
Il est donc probable que des navires ont participé involontairement à sa propagation, mais on sait également qu'elle se reproduit de façon sexuée, et qu'elle peut donc se disséminer par elle-même.

Caulerpe massue

Codium dichotome

N.L. : *Codium sp.* **Fam. :** Codiacées

Impossible de confondre les codiums dichotomes avec d'autres algues, mais qu'il est difficile de les reconnaître entre eux !

Codium dichotome

• **DESCRIPTION :** De couleur vert sombre, ces algues sont constituées de «cordons» cylindriques ramifiés de façon dichotome, à extrémités arrondies, et d'aspect spongieux. En été, leur surface est souvent couverte d'un fin duvet de poils transparents. On en connaît 4 espèces sur nos côtes : *Codium tomentosum* (restreint à l'Atlantique), *C. vermilara*, *C. fragile* (originaires du Pacifique) et *C. decorticatum*, qui peut dépasser 1 m (30 cm pour les autres espèces).

• **HABITAT :** Les diverses espèces de codiums dichotomes se rencontrent dans toutes sortes d'habitats, des roches battues aux lagunes côtières ou à la vase des ports, de la surface à 50 m de profondeur, de la pleine lumière à la pénombre.

• **BIOLOGIE :** Ces algues poussent principalement au printemps et en été ; leur durée de vie (certainement plusieurs années) est mal connue.

Codium boule (*Codium bursa*). Forme des boules creuses de texture spongieuse, qui se dépriment en leur centre avec l'âge. Vert sombre à noirâtre. De 10 à 40 cm. Méditerranée, occasionnel en Atlantique.

Halimède (*Halimeda tuna*). Thalle constitué d'articles discoïdes superposés, durs au toucher (calcification). Présente de la surface à 75 m de profondeur. Normalement confinée aux zones ombragées, mais peut prospérer en pleine lumière en l'absence d'algues concurrentes. De 5 à 20 cm. Méditerranée.

Udotée (*Udotea petiolata*). Non illustrée. La forme en éventail semi-circulaire dressé sur une courte «tige» est caractéristique. Coloration vert sombre. Vit sous les surplombs à partir de 5 ou 10 m, puis dans des zones plus exposées sur les fonds coralligènes, et jusqu'à 120 m ! De 3 à 10 cm. Méditerranée.

Codium boule

Halimède

Les phanérogames marines

Végétaux supérieurs descendants de plantes de marais retournées à la mer il y plus de 100 millions d'années, les phanérogames marines ont gardé les caractéristiques de leurs ancêtres terrestres : différenciation marquée en feuilles, tiges et racines, et reproduction faisant intervenir fleurs et graines. Appartenant au même groupe que les algues vertes par leurs pigments et leur structure cellulaire, elles s'en différencient clairement par leur organisation complexe.

Posidonie

N.L. : *Posidonia oceanica* **Fam. :** Posidoniacées

La posidonie forme de véritables prairies sous-marines, constituant l'un des milieux les plus typiques des fonds méditerranéens.

• **Description :** Les feuilles rubanées (environ 1 cm de large pour 80 cm à 1,40 m de long) ont une extrémité carrée ou très légèrement arrondie et portent de 13 à 17 nervures longitudinales. Elles s'insèrent par faisceaux (5 à 8 feuilles) sur un rhizome noirâtre épais, gainé des restes bruns des feuilles des années précédentes. Ces rhizomes s'accumulent parfois sur plusieurs mètres d'épaisseur en un réseau compact qui piège les sédiments : la matte.

• **Habitat :** Les posidonies prospèrent principalement sur les fonds sableux, mais colonisent également la roche par endroits. Elles peuvent se développer de la surface (où elles forment parfois des herbiers « barrières » qui l'affleurent) jusqu'à la limite de l'infralittoral, soit 25 à 35 m suivant les régions de Méditerranée.

Herbier de posidonies

Les prairies sous-marines

Les herbiers de phanérogames marines sont des écosystèmes majeurs de nos fonds marins. Véritables « poumons de la mer », ils produisent par leur photosynthèse de grandes quantités d'oxygène, mais ils servent surtout d'abri, de support ou de frayère à une multitude d'espèces animales ou végétales. On compte par exemple, dans l'herbier de posidonies méditerranéen, quelque 400 espèces d'algues et plusieurs milliers d'espèces animales !
La productivité biologique des herbiers est étonnante : 21 tonnes de matière sèche (soit plus de 60 tonnes de matière « fraîche ») par hectare et par an pour les posidonies.

Posidonie

• **Biologie :** La posidonie se multiplie principalement par voie végétative : croissance latérale (d'ailleurs très lente, 3 cm par an en moyenne) ou bouturage de faisceaux arrachés par les tempêtes. La reproduction sexuée (floraison) ne se déroule pas chaque année sur nos côtes. Les fleurs, vertes, sont très discrètes et difficilement identifiables ; elles donnent des fruits ovales appelés olives de mer.

Les autres phanérogames

Grande zostère

Zostère naine

Grande zostère (*Zostera marina*). Feuilles rubanées de 5 à 12 mm de large et jusqu'à 1 m de long, dotées de 5 à 11 nervures, à sommet arrondi. Rhizome étroit (jusqu'à 5 mm) et horizontal. Pousse sur fond sableux. C'est la principale phanérogame marine de l'Atlantique, où elle forme des herbiers plus ou moins denses dans le bas de la zone des marees et le debut de l'infralittoral. En Mediterranee, elle se rencontre presque exclusivement dans les lagunes côtières, principalement jusqu'à 3 m de profondeur.

Cymodocée

Zostère naine (*Zostera noltii*) [= *Z. nana*]. Feuilles vert clair très étroites (moins de 2 mm) ne dépassant pas 20 à 25 cm, à 3 nervures longitudinales ; rhizomes grêles. Pousse sur substrat sablo-vaseux riche en matière organique entre 0 et 5 m ; souvent présente entre les herbiers de grande zostère et le rivage. Sur toutes nos côtes.

Cymodocée (*Cymodocea nodosa*). Feuilles étroites (3 à 4 mm) atteignant 20 à 40 cm, avec 7 à 9 nervures et un sommet finement denticulé. Fonds de sable fin dans les baies abritées et les lagunes côtières, de 0,5 à 12 m de profondeur. Méditerranée.

C'est autant qu'une forêt ou un champ de blé bourré d'engrais ! De plus, près d'un tiers de cette production s'exporte dans les milieux environnants, sous forme de feuilles mortes principalement. Enfin, les herbiers fixent les sédiments par leurs racines et atténuent la force des vagues grâce à la souplesse de leurs frondes, protégeant ainsi les rivages de l'érosion. Mais les herbiers sont également fragiles. Les ancres des bateaux (qui labourent littéralement les rhizomes), les pollutions (qui diminuent la transparence de l'eau, affectant la quantité de lumière disponible) ou les aménagements littoraux (qui empiètent souvent sur les herbiers et modifient la dynamique des sédiments) sont autant d'agressions qui les affectent considérablement, et entraînent leur régression en bien des endroits.

Herbier de grandes zostères

Les éponges

Une éponge, qu'est-ce que c'est ? Beaucoup de petits trous (pores inhalants) pour aspirer l'eau, et quelques-uns plus gros (oscules) pour la rejeter. Au passage, l'animal retient les particules microscopiques pour s'en nourrir.

Les éponges, ou Spongiaires, sont des animaux très simples, masses sans forme vraiment déterminée, sans organes définis, chez qui la notion même de tissu n'est pas très nette. Ces caractéristiques primitives leur confèrent des capacités de régénération et de multiplication asexuée hors du commun.

Principaux groupes de Spongiaires de nos côtes

- **Éponges calcaires (calcisponges)**
  Elles possèdent dans leurs tissus des spicules (petites épines de forme plus ou moins complexe) constitués de calcite (carbonate de calcium).

- **Éponges siliceuses (démosponges)**
  Leurs spicules sont constitués d'opale (silice hydratée) ; ils sont souvent complétés par un réseau de fibres de spongines formant une masse spongieuse souple.

Les éponges calcaires

De structure simple, ces éponges se présentent en général sous forme d'outres possédant un seul gros orifice (oscule) terminal, ou sous forme de tubes, souvent contournés et agglomérés en pelote

Sycon *(Sycon sp.)*. Forme cylindrique à presque sphérique selon les espèces. Un seul oscule terminal, entouré d'une collerette de longues soies rigides. Surface rugueuse. De 1 à 10 cm. Sur toutes nos côtes.

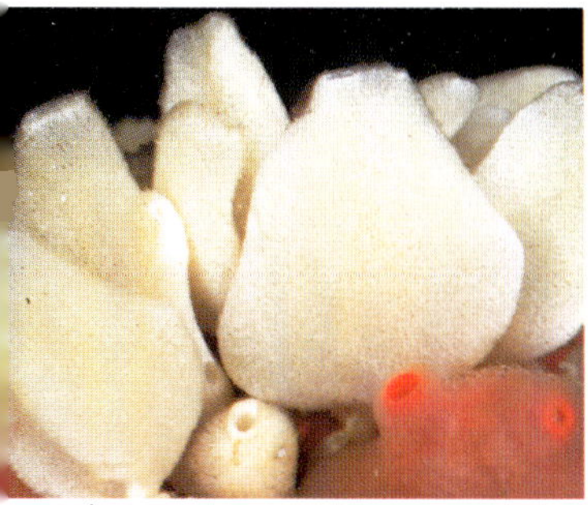

Éponge-bourse

Éponge-bourse *(Scypha compressa)* [= *Grantia compressa*]. Se présente sous forme d'outres aplaties caractéristiques. Oscule terminal, sans soies. De 1 à 2 cm. Atlantique (pas au sud de la Bretagne).

Clathrine jaune

Clathrine jaune *(Clathrina clathrus)*. Enchevêtrement de tubes anastomosés d'un jaune citron translucide. Dans les zones d'ombre, sous les pierres, de 0 à 25 m. Habituellement de 5 à 10 cm. Sur toutes nos côtes. La clathrine blanche *(C. coriacea)* est d'un blanc sale.

LES ÉPONGES SILICEUSES

Leurs spicules, lorsqu'ils sont présents, sont siliceux et elles possèdent des fibres de spongines. C'est dans ce groupe que se rencontrent les éponges de toilettes

Éponge encroûtante orange *(Spirastrella cunctatrix)*. Forme une croûte d'un orange plus ou moins vif, au toucher un peu rugueux. Les canaux qui convergent vers les oscules forment des dessins en étoile. Couvre jusqu'à 0,25 m², sous les surplombs entre 0 et 50 m. Méditerranée. Une autre espèce, *Crambe crambe*, est très semblable.

Éponge encroûtante orange

Éponge encroûtante bleutée *(Anchinoe tenacior)* [= *Phorbas tenacior*]. D'un gris-bleu très clair, translucide, cette éponge possède de larges oscules et des « cratères » inhalants munis d'une sorte de tamis très fin. De 10 à 20 cm. Méditerranée.

Éponge encroûtante à cratères *(Hemimycale columella)*. Assez semblable à *Anchinoe*, mais d'un rose orangé opaque, et plus épaisse (1 cm). Oscules peu nombreux. Zones d'ombre et herbiers de posidonies. De 0 à 50 m. Sur toutes nos côtes.

Éponge encroûtante à cratères

Éponge encroûtante bleutée

Éponge de toilette

N.L. : *Spongia officinalis* **Fam.** : Spongiidés

À la voir, masse noirâtre informe, la croirait-on digne de figurer dans les salles de bains les plus raffinées ?

• **DESCRIPTION** : Cette espèce forme une masse arrondie, plus ou moins irrégulière et mamelonnée, avec des gros oscules bien visibles. La surface, d'aspect grenu, va du grisâtre au noir. La consistance est assez « moelleuse » (à la différence de certaines *Ircinia*, très semblables, à la peau très coriace). De 20 à 35 cm.

• **HABITAT** : L'éponge de toilette vit entre 10 et 40 m, mais parfois aussi très près de la surface dans les milieux ombragés. Elle tend à être plus sphérique en eau calme, plus aplatie et irrégulière en eau agitée.

• **BIOLOGIE** : Comme toutes les éponges, elle filtre l'eau pour retenir phytoplancton et débris organiques très fins. Un individu de 10 cm filtre 100 à 200 litres d'eau à l'heure !

• **UTILISATION** : Certaines éponges sont utilisées pour la toilette (dont *Hippospongia communis*, l'éponge commune, et *Spongia agaricuna*) car leur « squelette » ne contient que de la spongine et pas de spicules. Cette espèce est la plus appréciée. On la pêche en Méditerranée depuis 4 000 ans, mais elle s'est considérablement raréfiée, à cause d'une certaine surexploitation puis d'une épidémie dans les années 80.

Éponge-balle, ficuline (*Suberites ficus*) [= *Ficulina ficus*]. Masse arrondie, parfois aplatie, à surface relativement ferme et rugueuse. La couleur va du rouge orangé au gris-brun. Tout comme l'espèce proche *S. domuncula*, elle s'associe avec des bernard-l'ermite, dont elle recouvre la coquille. De 10 à 30 cm. Atlantique (et Méditerranée pour *S. domuncula*).

Éponge-balle

Éponge à mamelles jaunes (*Polymastica boletiformis*) [= *P. robusta*]. Coussin souple portant de nombreuses cheminées cylindro-côniques d'égale hauteur. Le plus souvent jaune orangé, parfois plus terne. De 5 à 10 cm. Atlantique.

Éponge à mamelles jaunes

Éponge mie-de-pain (*Halichondria panicea*). Forme une masse spongieuse plus ou moins encroûtante à aspect de mie de pain, et de couleur beige grisâtre, verdâtre, brunâtre ou orangé. Les oscules forment des petits « volcans » de 1 à 3 cm. D'autres espèces semblables. Atlantique principalement, Méditerranée.

Vérongia (*Aplysina aerophoba*) [= *Verongia aerophoba*]. Non illustrée. Typiquement sous forme de mamelons ou colonnes avec un oscule au sommet ; souvent des expansions digitées irrégulières. Jaune moutarde, parfois caramel. Se rencontre en pleine lumière. De 20 à 40 cm. Méditerranée.

Éponge mie-de-pain

Éponge tubulaire

Éponge tubulaire (*Haliclona sp.*). Aspect spongieux caractéristique, dû aux orifices inhalants aisément visibles à l'œil nu. Forme généralement des tubes de 5 à 10 cm, avec un oscule terminal. Plusieurs espèces de couleurs variables, plus ou moins encroûtantes, formant parfois des ramifications non tubulaires. Sur toutes nos côtes.

Axinelle ramifiée

N.L. : *Axinella polypoides* **Fam. :** Axinellidae

Les grands éventails ou chandeliers jaunes de l'axinelle ramifiée sont bien connus des plongeurs sous-marins.

• **DESCRIPTION :** Cette espèce se présente sous forme d'axes cylindriques ramifiés en arbuste ou en éventail, autour desquels se répartissent des oscules pas toujours très visibles. La couleur typique est le jaune d'or (parfois jaune pâle ou orangé). Cette espèce, ainsi que l'espèce proche *A. verrucosa*, dépasse 60 cm.

• **HABITAT :** Cette espèce vit plutôt en profondeur (jusqu'à plus de 100 m) sur des roches plus ou moins envasées, mais aussi dès 10 ou 15 m de profondeur sous les surplombs.

• **BIOLOGIE :** La forme de cette éponge peut varier selon l'agitation de l'eau et les courants. En Atlantique, les colonies restent plus petites (de 15 à 20 cm). Une autre axinelle (*A. damicornis*) est connue pour s'associer avec des anémones encroûtantes (voir p. 50).

Axinelle ramifiée

LES CNIDAIRES

L'embranchement des Cnidaires comprend des animaux gélatineux à l'anatomie assez simple, caractérisés par leurs tentacules urticants (en grec *Cnidos* = ortie). La structure de base de ce groupe, c'est le polype : imaginez un sac fermé d'une bouche qui serait entourée de tentacules. Ce sac est en fait constitué de deux couches tissulaires, la couche externe faisant office de peau (et portant les cellules urticantes), tandis que la couche interne a essentiellement un rôle digestif.

Classification des principaux groupes de Cnidaires

- **Hydrozoaires**
  Hydraires / Siphonophores (planctoniques)
- **Anthozoaires**
  Hexacoralliaires : anémones / cérianthes / zoanthaires / madrépores
  Octocoralliaires : gorgones / corail rouge / coraux mous
- **Scyphozoaires**
  Méduses vraies

Hydraire encroûtant

LES HYDROZOAIRES

Les espèces présentées ici appartiennent plus spécifiquement au groupe des Hydraires, qui se présentent sous forme d'arbuscules aux polypes minuscules. Attention, certaines sont très urticantes !

Hydraire encroûtant (*Hydractinia echinata*). Cet hydraire non ramifié se rencontre presque exclusivement sur les coquilles occupées par le bernard-l'ermite *Pagurus bernhardus*. Il forme une croûte épineuse sur laquelle se dressent différentes catégories de polypes, hauts de 0,5 à 1,3 cm. Espèce absente (ou très rare) en Méditerranée.

Plumulaire sur un pétoncle

Plumulaire (*Aglaophenia pluma*). Les « plumes » de cette espèce (ici sur un pétoncle *Chlamys opercularis*) atteignent 4 à 8 cm de haut. Mais il existe bien d'autres plumulaires (qui ne sont d'ailleurs pas toutes des *Aglaophenia*) mesurant de 2 à 15 cm. Ces espèces apprécient surtout les zones battues, principalement dans les dix premiers mètres. Sur toutes nos côtes.

Obélie

Obélie (*Obelia geniculata*). À partir d'un réseau de fins stolons ancrés au substrat se dressent les « tiges » en zigzag caractéristiques de cette espèce, hautes de 1 à 5 cm. Fréquente sur les grandes algues, laminaires et fucus. De la mer du Nord à la Méditerranée.

Hydraire dendriforme (*Eudendrium ramosum*). L'aspect de buisson touffu est assez typique des *Eudendrium*, dont il existe plusieurs espèces difficiles à distinguer pour le non-spécialiste. Forment des arbustes de 5 à 25 cm, souvent sous des surplombs, à partir de quelques mètres de profondeur. Ils constituent la nourriture de prédilection de certaines limaces de mer. Sur toutes nos côtes.

Que faire en cas de « brûlure » ?

Le contact avec une anémone de mer a été cuisant ? Rincez bien à l'eau de mer, puis appliquez une pommade contre les piqûres d'insectes ou, à défaut, une solution de bicarbonate de sodium, ou de l'huile d'olive... Attention, si dans certains cas le venin ne traverse pas la peau épaisse des mains, évitez alors de vous frotter les yeux ou la bouche ! En cas de contact important avec une espèce très urticante, ou de réaction générale, mettez-vous en contact immédiatement avec un médecin.

Tubulaire

Hydraire dendriforme

Tubulaire (*Tubularia indivisa*). C'est en quelque sorte un hydraire géant : épanouis, les polypes longs de 3 à 4 cm dépassent 1 cm d'envergure, et les colonies atteignent 20 à 40 cm ! Les tubulaires (il y en a plusieurs espèces) se caractérisent par une double couronne de tentacules. Elles sont plus communes en Manche et en Atlantique qu'en Méditerranée.

Les hexacoralliaires

Les Anthozoaires hexacoralliaires ont un grand nombre de tentacules, multiple de 6 (s'il y en trop pour les compter, ne vous affolez pas, c'est forcément un multiple de 6 !). Ce sont par exemple les anémones de mer, sans squelette et collées au rocher par leur pied, les cérianthes, qui secrètent un tube souple, ou les madrépores, au squelette calcaire.

Anémone verte

N.L. : *Anemonia viridis*
Syn. : Ortie de mer
Fam. : Actiniidés

Très urticante, cette espèce mérite bien son surnom d'ortie de mer ! Elle est localement consommée en Méditerranée, par exemple en omelette, ou sautée à l'huile d'olive.

• **Description** : Souvent beige jaunâtre à verdâtre, avec les pointes des tentacules d'un rose-violet fluorescent, l'anémone verte peut aussi être brun grisâtre uniforme. Certains individus sont presque blancs, d'autres ont des tentacules entièrement roses ! Les tentacules longs et fins, très nombreux, ne se rétractent pas ; ils cachent souvent la bouche et le pied. Le diamètre du pied atteint 8 à 12 cm, mais l'envergure totale dépasse parfois 30 cm.

• **Habitat** : Cette anémone se fixe aux pierres et rochers peu profonds, en général dans des zones plates bien éclairées et pas trop exposées aux fureurs de la mer ; elle se rencontre parfois en colonies denses. On la trouve également dans les flaques à marée basse (mais jamais émergée car elle ne supporte pas l'assèchement), et dans les ports.

• **Biologie** : L'anémone verte peut capturer des proies assez grosses (poissons, crevettes), mais une

Les anémones de sable

Anémone fouisseuse

Certaines ont une sorte de long pied fouisseur, d'autres se fixent à un caillou ou à un coquillage, mais vous n'en verrez généralement que la couronne de tentacules étalée sur le sable.

Anémone fouisseuse *(Edwarsia callimorpha)*. Le corps de cette anémone ressemble à un ver : la colonne peut atteindre 7 cm de long, pour seulement 5 mm de diamètre ! Il existe d'autres petites anémones fouisseuses *(Halcampa, Peachia...)* qui n'ont que 12 tentacules, proportionnellement plus courts. Sur toutes nos côtes.

grande partie de son métabolisme est assurée par une association étonnante avec des algues microscopiques, qui vivent à l'intérieur même de ses tissus : l'anémone offre un abri aux microalgues, qui en retour lui fournissent par photosynthèse de l'oxygène et des substances nutritives. Voilà pourquoi cette anémone est souvent brune ou verdâtre, et pourquoi elle affectionne les zones éclairées. L'anémone verte se reproduit par voie sexuée (les gamètes, émis en pleine eau, donnent naissance à une larve planctonique), mais elle peut aussi se multiplier de façon asexuée, par divisions longitudinales.

Anémone verte

Anémone-tomate

N.L. : *Anemonia equina*
Syn. : Actinie rouge

Fam. : Actiniidés

Émergée, cette belle anémone se rétracte en boule, et ressemble alors à une demi-tomate.

• **DESCRIPTION** : L'actinie rouge a un pied cylindrique, souvent élargi à la base. Les tentacules sont assez courts, et rétractiles. Le diamètre du pied atteint 5 à 6 cm. Il existe des espèces proches (considérées par certains comme des variétés de celle-ci), de coloration un peu différente, dont l'actinie-fraise (*Actinia fragacea*), au pied marqué de petites taches vertes, ou l'actinie verte (*Actinia prasina*), entièrement brun-vert.

Actinie-fraise

• **HABITAT** : L'actinie rouge vit fixée au rocher, souvent à la face inférieure des pierres ou dans des anfractuosités. On peut la rencontrer jusqu'à quelques mètres de profondeur, mais son habitat principal est très superficiel : zone des marées en Atlantique, juste au niveau de la surface en Méditerranée.

• **BIOLOGIE** : Cette anémone n'étale ses tentacules que lorsqu'elle est immergée. Elle se nourrit surtout la nuit, de petits poissons et crustacés qu'elle paralyse grâce à ses tentacules urticants, puis amène à la bouche centrale ; après digestion, les déchets sont rejetés par le même orifice. Chez cette espèce vivipare, les spermatozoïdes, libérés en pleine eau, pénètrent dans le corps de la femelle, où se déroule la fécondation, puis le développement des larves.

◄ **Anémone dorée** (*Condylactis aurantiaca*). Cette belle anémone doit se fixer à un rocher, mais sa couronne s'épanouit sur le sable, parfois sur 30 cm de diamètre.
Les 96 tentacules ont l'extrémité arrondie. La coloration, plus ou moins claire, est variable dans les registres de vert, gris et brun. Méditerranée seulement.

Anémone solaire (*Cereus pedonculatus*).
Se présente sous forme d'un disque pouvant atteindre 10 cm, au bord parfois ondulé, frangé d'un grand nombre de courts tentacules. La coloration va du beige au brunâtre, souvent avec des marbrures.
Le pied porte des petites ventouses où se collent des graviers. Sur toutes nos côtes.

Anémone solaire

Les autres anémones

▲ **Œillet de mer** *(Metridum senile)*. Des milliers de tentacules minuscules donnent à cette anémone son aspect cotonneux caractéristique. Bien épanouie, elle peut atteindre 30 cm de haut et 15 cm de large. La couleur va du blanc à l'orangé, du rose au brun clair. De la mer du Nord au golfe de Gascogne.

► **Anémone-dahlia** *(Urticina felina) [= Tealia felina]*. La couronne tentaculaire, qui peut atteindre 15 à 20 cm, est de couleur très variable, mais toujours ornée de dessins en forme de flammes à la base des tentacules. La colonne porte des petites verrues qui agglutinent fragments de coquilles ou graviers lui donnant, une fois rétractée, l'aspect d'un petit tas de sable. Espèce nordique qui devient rare au sud de la Bretagne.

▲ **Anémone élégante** *(Sagartia elegans)*. Les tentacules ne sont pas très longs, mais nombreux (environ 200) ; le diamètre de la couronne atteint 10 cm. La colonne porte quelques petites ventouses mais pas de verrues. La coloration est assez variable mais toujours marquée de dessins contrastés. Sur toutes nos côtes.

▲ **Anémone-marguerite** *(Actinothoe sphirodeta)*. L'anémone-marguerite, d'un diamètre de 2 à 3 cm, a en général un cœur orange et des tentacules blancs, mais certains individus sont entièrement blancs. Elle se rencontre surtout sous les surplombs rocheux, parfois en colonie dense. Absente de Méditerranée.

▼ **Aiptasie** *(Aiptasia cf. diaphana)*. Les aiptasies ont des tentacules galbés qui se terminent en pointe aiguë, dans lesquels on distingue par transparence un filament clair. L'aiptasie diaphane *(A. diaphana)*, brun jaunâtre, ne dépasse pas 5 cm et ne vit qu'en Méditerranée, où elle forme de véritables tapis sur les roches peu profondes. L'aiptasie bleu-vert *(A. mutabilis)*, aux tentacules plus trapus et plus translucides, atteint 12 cm, et reste solitaire.

◄ **Anémone charnue** *(Cribrinopsis crassa)*. Ressemble un peu à l'anémone dorée, mais se rencontre plutôt en milieu purement rocheux et reste plus petite (de 10 à 12 cm étalée). La teinte de base est verte, plus ou moins salie de brun ou de gris. Le pied, jaune d'or, porte des rangées de verrues rouges cerclées de jaune pâle. Méditerranée seulement.

Cérianthe

N.L. : *Cerianthus cf. membranaceus* **Fam.** : Cérianthidés

La diversité de coloration des cérianthes est tout à fait étonnante, mais on pense aujourd'hui qu'il en existe plusieurs espèces, que les scientifiques eux-mêmes ont du mal à différencier !

• **Description :** Chez les cérianthes, le pied se termine en cône, et fabrique un tube souple dans lequel l'animal tout entier peut se rétracter. Ce tube est parfois enfoui ou couvert d'organismes divers, mais les cérianthes se reconnaissent aussi à leurs tentacules de deux types différents : de grands tentacules pêcheurs, et un tapis de petits tentacules autour de la bouche. L'éventail des teintes possibles est étonnant : du brun marbré au violet sombre, du blanc au vert fluorescent, du chamois au bleu pâle, les deux catégories de tentacules ayant souvent des couleurs contrastées. L'envergure des grands cérianthes de Méditerranée (ceux que l'on nomme habituellement *Cerianthus membranaceus*) atteint 20 à 30 cm, mais il existe une petite espèce atlantique peu colorée, *Cerianthus lloydii*, dont la couronne ne dépasse pas 6 à 8 cm.

• **Habitat :** On rencontre des cérianthes à partir de quelques mètres de profondeur sur les fonds de sable ou de vase, dans les herbiers de posidonies ou de zostères, mais aussi dans certaines zones rocheuses ou parmi les concrétions coralligènes.

• **Biologie :** La technique alimentaire des cérianthes repose sur un partage des tâches : les longs tentacules marginaux capturent des petites proies planctoniques, et se replient pour les déposer entre les fins tentacules centraux, qui les mènent à la bouche.

Les associées

Il est rarissime de rencontrer ces anémones hors de la présence d'un bernard-l'ermite, sur la coquille duquel elles se fixent. Il s'agit là d'une symbiose, association à bénéfice réciproque : armée de ses tentacules urticants, l'anémone protège le crustacé, lequel la transporte et la nourrit dans une certaine mesure, car il mange très salement !

▼ **Anémone commensale** *(Adamsia carciniopados) [= A. palliata]*. Cette espèce vit en association avec un seul bernard-l'ermite, *Pagurus prideauxi*. Son pied moucheté de rose enveloppe totalement la coquille et sécrète une couche cornée qui grandit avec le pagure, lui évitant d'avoir à chercher une coquille plus grande.

◄ **Anémone parasite** *(Calliactis parasitica)*. Reconnaissable à son pied strié, cette grande anémone (10 cm) peut cohabiter avec diverses espèces de grands pagures, qui la « déménagent » lorsqu'ils changent de coquille. En médaillon : émission de gamètes.

Anémone encroûtante jaune

N.L. : *Parazoanthus axinellae* **Fam.** : Zoanthidés
Syn. : Zoanthaire jaune

Les zoanthaires ressemblent à de petites anémones, mais constituent des colonies dont les polypes restent associés par leur base.

• **DESCRIPTION :** Les polypes au pied assez fin portent un disque oral bordé de 34 tentacules en deux rangées et atteignent 1 à 2 cm de haut. Ils sont réunis à leurs voisins par une base de la même couleur jaune d'or à orangé, s'étalant en croûte sur la roche.

• **HABITAT :** L'anémone encroûtante jaune colonise typiquement les surplombs rocheux ombragés bien exposés aux courants dès de très faibles profondeurs, puis des substrats plus variés jusqu'à 100 ou 200 m.

Une espèce proche, le zoanthaire brun *Epizoanthus sp.*

• **BIOLOGIE :** Les colonies peuvent s'étendre sur plusieurs dizaines de centimètres, souvent morcelées par la concurrence des éponges. En profondeur, *P. axinellae* s'associe volontiers à l'éponge *Axinella damicornis* (d'où son nom), les deux espèces se mêlant étroitement. En plus d'une reproduction sexuée classique (larves planctoniques), le zoanthaire jaune se multiplie par voie asexuée, des morceaux de la colonie pouvant se détacher pour s'installer un peu plus loin.

Anémone-bijou

N.L. : *Corynactis viridis* **Fam.** : Corallimorphidés
Syn. : Anémone-perle

Minuscules mais magnifiques, les anémones-bijoux sont la récompense des naturalistes curieux et observateurs.

• **DESCRIPTION :** Semblables à de minuscules anémones dotées de plusieurs couronnes de courts tentacules terminés par des « perles » bourrées de cellules urticantes, elles sont en fait assez proches des madrépores. Leur taille dépasse rarement 1 cm, mais la variété de leurs couleurs dépasse l'entendement ! Vert pomme, rose fluorescent, orange, jaune et rouge, mauve, et bien sûr toutes les nuances de brun s'associent en des combinaisons propres à chaque colonie.

• **HABITAT :** Appréciant une forte agitation d'eau, mais aussi la pénombre, cette espèce se rencontre dans les grottes et surplombs superficiels des côtes battues, dès le bas de la zone des marées et jusqu'à une dizaine de mètres au maximum. Localement abondante en Manche et en Atlantique, elle est plus rare en Méditerranée, où les températures estivales sont souvent trop élevées.

• **Biologie :** Lorsqu'une larve se fixe sur un rocher, elle se transforme en une petite anémone-bijou qui, très vite, se divise. En quelques mois, la « colonie », constituée d'indivi dus de même couleur génétiquement identiques, peut couvrir plusieurs mètres carrés !
La juxtaposition de taches de couleurs différentes permet de visualiser la propagation des « clones » issus de différentes larves.

Les madrépores

Les madrépores – ou Scléractiniaires – sécrètent par leur base une assise calcaire, ornementée de lamelles rayonnantes visibles lorsque les polypes se rétractent. Certaines espèces sont solitaires, d'autres coloniales (les polypes se divisent mais restent unis par la base squelettique commune).

Madrépore-œillet (*Caryophyllia smithi*). Ce madrépore solitaire se rencontre depuis les petites grottes superficielles jusqu'aux grands fonds. La base calcaire mesure de 1 à 2 cm, mais le polype gonflé peut dépasser 3 cm. Les tissus translucides peuvent être teintés de vert, de brun ou de rouge. Il existe d'autres espèces de *Caryophyllia* très semblables, sur toutes nos côtes.

Madrépore-œillet

Cladocore (*Cladocora caespitosa*). Ce madrépore colonial est très semblable aux espèces tropicales qui édifient les récifs coralliens ; comme elles, il abrite dans ses tissus des microalgues symbiotiques, les zooxanthelles, auxquelles il doit sa couleur brun-vert. Les bases calcaires des polypes ont un diamètre de 5 mm environ, et la colonie, habituellement hémisphérique, peut dépasser 50 cm. Espèce méditerranéenne.

Corail solitaire jaune (*Leptopsammia pruvoti*). Rencontrés sous les surplombs, le long des tombants, ces gros polypes solitaires jaune d'or sont caractéristiques. La base squelettique mesure environ 2 cm, mais la couronne tentaculaire étalée atteint 3 à 4 cm. Cette espèce plutôt méditerranéenne se rencontre jusque dans la Manche.

Cladocore

Corail solitaire jaune

Les octocoralliaires

Autre sous-groupe des Anthozoaires, les octocoralliaires ont des polypes à 8 tentacules, souvent pennés. Ce sont en général des animaux coloniaux, parfois très discrets, mais c'est aussi parmi eux que l'on trouve quelques-uns des organismes les plus caractéristiques des paysages sous-marins de nos côtes : colonies digitiformes des alcyons (ou coraux mous), éventails des gorgones au fin squelette souple...

Gorgone rouge

N.L. : *Paramuricea clavata* **Fam.** : Paramuricéidés
Syn. : Gorgone bleue

Souvent nommée gorgone bleue parce que les plongeurs la voient ainsi dans la lumière bleutée des profondeurs, la gorgone rouge est parfois aussi plus ou moins dorée.

• **Description** : Les éventails de cette grande gorgone aux « tiges » assez épaisses (6 mm polypes rétractés) dépassent parfois 1 m. La teinte est rouge en général (sous éclairage artificiel), mais, dans certaines régions, de nombreuses colonies peuvent être plus ou moins totalement jaune d'or.

• **Habitat** : Espèce caractéristique des tombants et surplombs exposés au courant, à partir de 10 à 20 m dans certaines zones, cette gorgone colonise également des surfaces rocheuses subhorizontales au-delà de 35 à 40 m de profondeur.

• **Biologie** : Les éventails des gorgones rouges sont toujours disposés en plans parallèles, perpendiculaires aux courants dominants, pour que les polypes puissent mieux capturer les petites proies planctoniques (crustacés principalement) apportées par les courants. La croissance de cette espèce est de 1 à 6 cm par an (selon les conditions du milieu), et une grande colonie est âgée de 15 ou 20 ans au moins.

Corail rouge *(Corallium rubrum)*

Le fameux corail rouge des joailliers *(Corallium rubrum)* est en fait une gorgone particulière, dont le squelette n'est pas constitué d'une matière cornée souple mais d'une substance calcifiée d'un rouge profond. Les tissus vivants qui recouvrent ce squelette sont vermillon, et les polypes étalés d'un blanc de neige. Surexploité, le corail rouge de Méditerranée avait presque disparu des profondeurs accessibles... Heureusement, grâce à une prise de conscience « écologique » des plongeurs qu'il nous faut saluer ici, on rencontre à nouveau du corail rouge à faible profondeur (entre 5 et 15 m) sur nos côtes méditerranéennes.

Gorgone verruqueuse

N.L. : *Eunicella verrucosa* **Fam.** : Plexauridés

Cette espèce est bien connue des plongeurs, de la Manche au Pays basque, mais ne se rencontre qu'à grande profondeur en Méditerranée.

• **DESCRIPTION** : Les calices des polypes sont proéminents, ce qui vaut à cette gorgone son aspect verruqueux. De couleur rose à jaune orangé, parfois blanche, les éventails mesurent habituellement de 20 à 30 cm, mais dépassent occasionnellement 50 cm.

• **HABITAT** : La gorgone verruqueuse affectionne les surplombs et tombants à partir d'une dizaine de mètres de profondeur, mais se rencontre aussi sur des roches horizontales, sous les forêts de laminaires ou à des profondeurs plus importantes (jusqu'à 200 m).

• **BIOLOGIE** : La forme en éventail est typique le long des tombants mais la gorgone verruqueuse adopte parfois une forme buissonnante là où le va-et-vient de la houle prend le pas sur les courants réguliers. La croissance est lente, et ne dépasse guère 1 cm par an, ce qui signifie que les grandes colonies sont âgées de plusieurs dizaines d'années !

Les autres gorgones

Gorgone blanche (*Eunicella singularis*) [= *E. stricta*]. Cette espèce atteint 30 à 50 cm, et se rencontre à partir de 5 m sur des fonds rocheux subhorizontaux exposés à la lumière (les polypes sont souvent colorés en brun par des microalgues symbiotiques). Les branches tendent à être parallèles, la forme générale (éventail ou buisson) dépendant de l'hydrodynamisme. Méditerranée.

Gorgone blanche

Gorgone jaune

Gorgone jaune (*Eunicella cavolinii*). Préférant les zones d'ombre, cette gorgone dresse ses éventails sous les surplombs rocheux à partir de 5 m de profondeur. Plus bas, elle colonise des surfaces moins pentues. Les colonies atteignent 30 à 50 cm, et sont toujours de couleur jaune orangé. Méditerranée.

Gorgone sarmenteuse (*Leptogorgia sarmentosa*) [= *Lophogorgia ceratophyta*]. Les ramifications fines se terminent en pointe, et forment des angles nets avec les « branches » principales. La coloration, le plus souvent rouge orangé, varie du blanc au rose violacé ou au jaune. Les colonies, qui dépassent parfois 60 cm, vivent sur les roches plus ou moins couvertes de sédiments à partir de 10 m. Méditerranée surtout, mais aussi jusqu'au golfe de Gascogne.

Gorgone sarmenteuse

Alcyon méditerranéen

N.L. : *Alcyonium acaule* **Fam. :** Alcyonidés
Syn. : Main du bon Dieu, corail mou

C'est en se gonflant d'eau que les alcyons, encore surnommés coraux mous, se dressent pour étaler leurs polypes dans le courant.

• **DESCRIPTION :** Épanouie, la colonie est constituée de ramifications semblables à des doigts, portant des petits polypes qui se répartissent presque jusqu'à la base ancrée sur le rocher. La coloration est variable, du jaune pâle au rose, mais le plus souvent dans diverses nuances de rouge sombre, les polypes étant généralement plus clairs, parfois blancs. La taille ne dépasse que rarement 20 cm.

• **HABITAT :** L'alcyon méditerranéen se rencontre sur les parois rocheuses et les fonds coralligènes à partir de 10 à 15 m, préférant, à faible profondeur, les habitats ombragés. Il prospère mieux dans les zones balayées par les courants.

• **BIOLOGIE :** Les alcyons possèdent, dispersées dans leurs tissus, des petites épines calcaires (les spicules), mais c'est en se gonflant d'eau qu'ils se dressent dans le courant ; c'est ce que l'on appelle un hydrosquelette. Lorsqu'ils se rétractent, il ne reste qu'une masse molle, beaucoup moins volumineuse. Les œufs, fécondés par le sperme libéré en pleine eau, se développent à l'intérieur des polypes des colonies femelles, et donnent naissance à des larves planula rosées qui sont libérées toutes en même temps.

Les autres alcyons

Alcyon encroûtant (*Alcyonium coralloides*) [= *Parerythropodium coralloides*]. La base encroûtante est généralement rouge violacé ou rose clair, les polypes blanchâtres à brunâtres. En Atlantique, cet alcyon forme des petites masses digitées sur les roches ombragées mais en Méditerranée, il est connu pour coloniser les gorgones : à partir d'une larve qui se fixe, au niveau d'une lésion, sur le squelette corné, la colonie repousse les tissus vivants de la gorgone jusqu'à l'envahir totalement !

Alcyon encroûtant

Alcyon jaune, main de l'homme mort (*Alcyonium digitatum*). Cette espèce atlantique se caractérise par des lobes ramifiés assez massifs couverts d'un duvet de petits polypes qui apparaissent plus gris que blancs. Colonies jaune orangé, parfois blanches. De 10 à 20 cm.

Alcyon jaune (jeune colonie)

Alcyon à grands polypes

Alcyon de sable *(Alcyonium palmatum)*. L'alcyon de sable vit sur les fonds meubles, accroché à un caillou ou à un coquillage. De couleurs moins vives que l'alcyon méditerranéen (habituellement blanchâtre, jaunâtre ou rosé), il se caractérise par la partie basale de son pied entièrement dénuée de polypes. De 20 à 40 cm. Méditerranée.

Alcyon à grands polypes *(Alcyonium glomeratum)*. Cet alcyon se reconnaît à ses grands polypes blancs bien individualisés, longs de 10 mm environ. La masse digitée de la colonie est jaune, orangée ou rougeâtre. De 10 à 20 cm. De la mer du Nord à l'Atlantique.

Alcyon de sable

CORAUX MOUS DE SABLE

Alors que les autres coraux mous de cette double page vivent fixés à un substrat solide, certaines espèces sont libres : leur pied, fiché dans le sable, se gonfle d'eau pour servir d'ancrage à la colonie.

Vérétille *(Veretillum cynomorium)*. Épanouie, la vérétille prend l'aspect d'une colonne translucide de 30 à 50 cm, hérissée de grands polypes (de 4 à 5 cm). La colonie peut se rétracter, et ressemble alors à une saucisse orangée toute ramollie... Méditerranée et sud du golfe de Gascogne.

Vérétille

Pennatule rouge

Pennatule rouge, plume de mer *(Pennatula rubra)*. Les plumes de mer portent leurs polypes sur des expansions aplaties réparties de part et d'autre d'un axe central qui se gonfle d'eau. Chez la pennatule rouge, généralement de teinte brique ou rose orangé, les polypes sont alignés en une seule rangée sur chaque expansion latérale. 20 cm. Méditerranée.

Plume de mer grise *(Pteroides griseum)*. Cette espèce ressemble aux pennatules, mais porte les polypes répartis en plusieurs rangées le long des expansions latérales, ce qui leur donne un aspect « touffu ». De 20 à 30 cm. Sur toutes nos côtes.

Plume de mer grise

Les méduses

Les espèces présentées dans cette double page appartiennent au groupe des Scyphozoaires : ce sont les méduses vraies, généralement de grande taille. Incapables de lutter contre les mouvements de la mer, elles dérivent au gré des courants, et font à ce titre partie du plancton. Certaines espèces présentent un cycle avec une phase polype (cycle analogue à celui des Hydraires et de leurs hydroméduses), qui peut être totalement escamotée chez d'autres.

Aurélie

N.L. : *Aurelia aurita* **Fam. :** Ulmariidés

Cette méduse à la forme caractéristique est cosmopolite dans toutes les mers tempérées et tropicales.

• **Description :** L'ombrelle translucide, aplatie, est frangée de fins filaments. Elle porte à la face inférieure 4 tentacules buccaux en lames plus ou moins contournées. Les organes sexuels sont visibles par transparence, sous forme de quatre cercles blancs à rose violacé. Le plus souvent d'un diamètre de 20 à 30 cm, l'aurélie dépasse parfois 40 cm.

• **Habitat :** Cette espèce se maintient en pleine eau, près de la surface, par des pulsations de son ombrelle. C'est une méduse relativement côtière, qui prolifère parfois dans les bassins lagunaires littoraux.

• **Biologie :** Cette méduse se nourrit de minuscules proies planctoniques, d'abord engluées sous l'ombrelle grâce à l'activité d'une multitude de cellules ciliées, puis amenées vers la bouche par les tentacules buccaux. L'aurélie est l'exemple classique de l'alternance polypes - méduses chez les Cnidaires, la méduse constituant la phase sexuée de ce cycle, tandis que les petits scyphopolypes fixés sont d'une certaine manière une forme de résistance.

L'aurélie se rencontre également dans les eaux tropicales, comme ici.

Pélagie

N.L. : *Pelagia noctulica* **Fam.** : Pélagiidés

Attention, les longs filaments de cette élégante méduse sont violemment urticants, y compris lorsque le ressac les a arrachés en lambeaux !

• **Description :** L'ombrelle hémisphérique translucide, ornée de verrues rosées (urticantes), atteint 10 cm, et porte des filaments pêcheurs qui peuvent dépasser 5 m ! La bouche est entourée de 4 tentacules buccaux délicatement frangés.

• **Habitat :** Les pélagies sont des méduses de haute mer, mais on les rencontre fréquemment à proximité des côtes lorsque les courants les y poussent. Comme la plupart des méduses, elles se maintiennent dans les premiers mètres sous la surface.

• **Biologie :** Cette espèce se nourrit d'animaux (crustacés, poissons...) qu'elle capture avec ses filaments pêcheurs très urticants. Elle est bioluminescente, et peut émettre de la lumière lorsqu'elle est excitée (contact par exemple) durant la nuit. La pélagie n'a pas de stade polype, et les larves issues des œufs donnent directement des petites méduses.

Les autres méduses

Lucernaire (*Haliclystus sp.*). Cette petite méduse (de 3 à 5 cm) a choisi de vivre sur le fond, auquel elle s'attache par une sorte de pied dorsal, se comportant en cela comme une anémone, mais elle peut aussi se déplacer en rampant comme une chenille ! La coloration varie du rose au brun ou au vert. Il existe plusieurs espèces très semblables qui, pour la plupart, se rencontrent plus au sud de la Bretagne.

Lucernaire

Méduse rhizostome (*Rhizostoma pulmo*). L'ombrelle nettement bombée atteint parfois 60 à 80 cm de diamètre. Les 8 tentacules buccaux portent des excroissances typiques « en chou-fleur ». Cette espèce relativement côtière est peu urticante, et sans danger. Sur toutes nos côtes.

Méduse rayonnée (*Chrysaora hysoscella*). Les tentacules buccaux sont longs et frangés, et l'ombrelle au dessin rayonné typique est bordée de longs filaments pêcheurs. Diamètre : jusqu'à 30 cm. Sur toutes nos côtes.

Méduse rayonnée

Méduse rhizostome

LES CTÉNAIRES

Gélatineux, translucides et de structure à peu près aussi simple que les Cnidaires, les Cténaires n'ont pas de cellules urticantes, et se distinguent par leurs huit rangées de palettes natatoires (constituées de soies accolées) dont les reflets irisés sont caractéristiques.

Les espèces présentées ici comptent parmi les plus communes, mais il en existe bien d'autres, souvent malaisées à identifier.

Classification des deux principaux groupes de Cténaires

- **Tentaculés** : possèdent de fins tentacules pêcheurs collants.
- **Atentaculés** : ne sont pas munis de tentacules.

Bolinopsis

N.L. : *Bolinopsis infundibulum* — **Fam.** : Bolinidés

Très fragile et d'une transparence extrême, cet animal tout droit sorti d'un univers de science-fiction se trouve souvent mêlé aux bancs de méduses et autres organismes planctoniques.

• **DESCRIPTION** : Le corps ovale de ce cténaire est nettement aplati. Les huit rangées parallèles de palettes natatoires se répartissent en deux longues séries de chaque côté, et en quatre séries plus courtes dans la zone centrale. Deux larges « ailes » translucides sont implantées à l'une des extrémités de l'animal ; elles peuvent se replier en recouvrant plus ou moins le corps, comme sur la photo. Cette espèce d'assez grande taille peut atteindre 15 cm.

• **HABITAT** : Hôte de la pleine mer, cette espèce se

rencontre parfois à proximité des côtes lorsque les courants l'y poussent, principalement au printemps et en été.

• **BIOLOGIE :** Le bolinopsis est carnivore et capture de petites proies planctoniques à l'aide de tentacules très extensibles. À proximité du rivage cependant, ces tentacules sont généralement contractés car l'animal est trop stressé par le ressac pour envisager de se nourrir.

Groseille de mer

N.L. : *Pleurobrachia pileus* **Fam. :** Pleurobrachiidés

Ces billes translucides irisées pullulent parfois près des côtes, au point de boucher les circuits de refroidissement des centrales nucléaires !

• **DESCRIPTION :** Sphérique ou légèrement ovoïde, ce petit cténaire transparent se repère aux irisations marquées que provoquent les battements de ses palettes natatoires, organisées en huit lignes radiales. Il déploie 2 fins tentacules, pennés d'un seul côté, qui peuvent atteindre 15 cm, alors que le diamètre du corps ne dépasse guère 2 cm.

• **HABITAT :** Comme la plupart des organismes planctoniques d'assez grande taille (méduses, salpes...), les groseilles de mer se rencontrent occasionnellement près du bord lorsqu'elles y sont poussées par les courants.

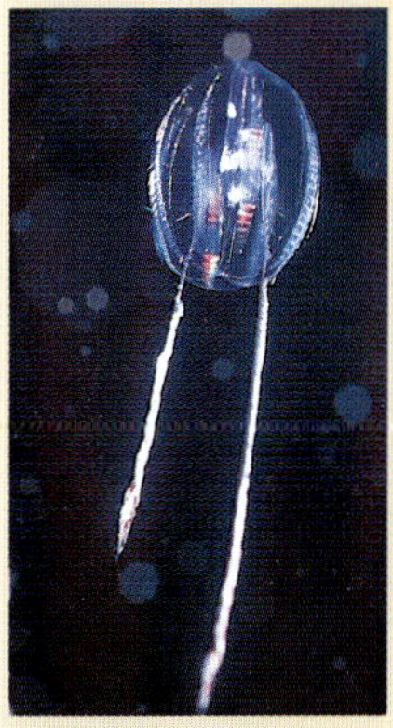

Une groseille de mer en train de rétracter ses tentacules.

• **BIOLOGIE :** Les longs tentacules sont périodiquement rétractés pour permettre l'ingestion des minuscules animaux planctoniques qui s'y collent. Les phases de prolifération sont liées en particulier aux conditions de température lors du développement larvaire, et aux cycles d'abondance de leurs proies.

Béroé *(Beroe ovata)*. Le corps, translucide ou opalin, est plus ou moins cylindrique avec une extrémité plus évasée, entièrement occupée par une large bouche. Cténaire dépourvu de tentacules, le béroé se nourrit en avalant des proies qui peuvent être presque aussi grosses que lui ! Les séries de palettes natatoires sont souvent très irisées ; de nuit, l'animal peut être bioluminescent. Jusqu'à 15 cm. Sur toutes nos côtes.

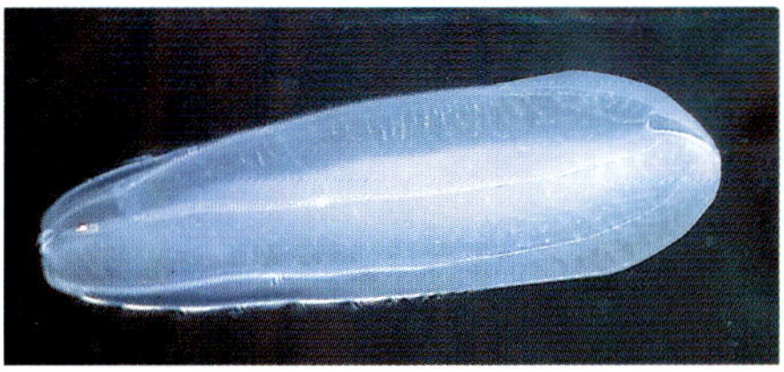

LES VERS

Il existe de nombreuses variétés de vers sur nos côtes. Si certaines sont bien connues car elles servent d'appâts, un grand nombre d'entre elles passent inaperçues du fait de leur petite taille. Le terme de ver rassemble plusieurs groupes très différents, dont les principaux sont les vers plats et les annélides.

Classification des principaux groupes de vers marins

• Vers plats (Turbellariés)
Très plats, ces vers primitifs sont peu différenciés (pseudotentacules, et parfois des yeux, à l'extrémité antérieure).

• Némertes
Corps subcylindrique très long, plus ou moins rubanné, à peau lisse, avec une tête spatulée ou légèrement pointue. Souvent colorés, ou ornés de dessins contrastés.

• Nématodes (Némathelminthes)
Corps cylindrique, filiforme, pointu aux deux extrémités. Le plus souvent entre les grains de sable. Très petite taille (de 1 à 10 mm). Non traités dans cet ouvrage.

• Vers annelés (Annélides)
Corps clairement annelé, les segments successifs étant semblables entre eux (sauf la tête et la queue).

• Échiuriens
Corps subcylindrique plus ou moins massif, avec une trompe rétractile plus ou moins longue, formant gouttière.

• Siponcles (Sipunculiens)
Corps cylindrique, strié transversalement et longitudinalement, avec une partie antérieure plus fine (« trompe ») qui peut être rétractée.

• Priapuliens
Corps cylindrique, annelé superficiellement, avec une « trompe » rétractile massive, globuleuse, portant des lignes de papilles armées d'un petit crochet. De 3 à 8 cm. Non traités dans cet ouvrage.

• Balanoglosses (Hémicordés)
Très évolués malgré leur apparence, ils n'ont de vers que la forme. Ils ont un pharynx, comme les céphalocordés, mais s'en distinguent par d'autres caractères fondamentaux. De 10 à 20 cm. Voir p. 155.

Les vers plats

Les espèces marines de vers plats (ou Plathelminthes) appartiennent à la classe des Turbellariés, parmi lesquels les polyclades (intestin à nombreux diverticules) sont les mieux représentés, avec des espèces souvent très colorées ; s'y ajoutent les triclades, et les minuscules *acœles*.

Planaire blanche (*Prostheceraeus vittatus*). De couleur blanc crème avec de fines lignes longitudinales sombres, cette espèce atteint 3 cm. Sur fonds rocheux plus ou moins envasés. Sur toutes nos côtes.

Planaire rose (*Prostheceraeus giesbrechtii*). La teinte rose marquée de lignes blanches apparaît violet électrique au plongeur. Sur fonds rocheux. De 2 à 3 cm. Méditerranée.

Planaire orange (*Pseudoceros sp.*). Corps ovale à marges habituellement très ondulées, d'un orange vif uniforme. Fonds rocheux et sédiments proches, herbiers. Jusqu'à 5 cm. Méditerranée.

Planaire noire (*Pseudoceros splendidus*). Corps à peu près noir, liséré d'orange vif, aux marges souvent très ondulées. Atteint au moins 6 cm. Méditerranée.

Planaire à papilles (*Thyzanozoon brocchii*). Caractérisée par les nombreuses petites papilles qui la recouvrent, cette planaire beige à brun grisâtre vit surtout sous les pierres, souvent près de la surface. De 3 à 5 cm. Méditerranée.

Planaire à papilles (en train de nager)

Attention !

Sans branchies externes ni organes sensoriels sophistiqués, d'une épaisseur ne dépassant pas 1 mm, les planaires ne doivent pas être confondues avec les nudibranches, ou limaces de mer.

Planaire blanche

Planaire rose

Planaire orange

Planaire noire

Les némertes

Les némertes sont des vers non segmentés, se présentant sous la forme de longs rubans cylindriques ou légèrement aplatis. Ils sont généralement capables de s'étirer de façon démesurée (attention tout de même, ils sont fragiles à manipuler !), mais peuvent aussi se recroqueviller dans une anfractuosité, soit en se contractant (le corps est alors beaucoup plus trapu), soit en s'enroulant en pelote serrée.

Némerte-lacet

Némerte-lacet (*Lineus longissimus*). Très long ver tubulaire d'un brun noirâtre. La tête est allongée avec une extrémité carrée, et porte 10 à 20 petits yeux sombres.
Dans les failles ou sous les pierres. Dépasse parfois largement 10 m de long ! Atlantique.

Némerte à anneaux blancs

Némerte à anneaux blancs (*Lineus geniculatus*). Corps de section plus ou moins aplatie, capable de se distendre ou de se contracter considérablement.
Extrémité antérieure spatulée formant une tête rectangulaire, aux yeux peu visibles. Coloration brun verdâtre à noirâtre, avec de fins anneaux clairs. De 40 à 60 cm. Méditerranée.

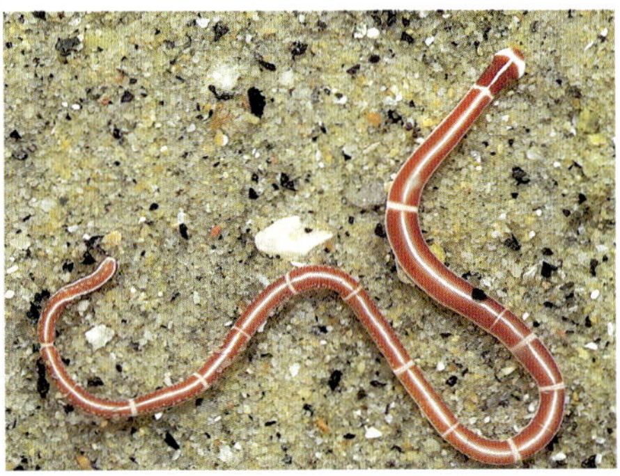
Némerte à lignes blanches

Némerte à lignes blanches (*Tubulanus annulatus*). Coloration brunâtre avec des anneaux blancs, mais aussi 4 lignes longitudinales blanches bien visibles. Tête relativement large et arrondie, sans yeux. Dans les zones rocheuses et sableuses, superficielles ou intertidales, parfois à découvert. De 15 à 50 cm. Sur toutes nos côtes.

Les siponcles

Les sipunculiens se présentent habituellement sous l'aspect de saucisses beige à rosâtre, rêches au toucher. Lorsque l'animal n'est pas dérangé, il peut étendre sa trompe rétractile, plus fine que le reste du corps mais souvent aussi longue, dont l'extrémité (orifice buccal) est frangée ou entourée de courts tentacules.

Siponcle (*Sipunculus nudus*). Cette espèce se caractérise par un corps gris-beige, marqué de fins sillons longitudinaux et transversaux lui donnant un aspect quadrillé. Dans le sable, à partir du bas de la zone des marées. De 20 à 35 cm. Sur toutes nos côtes.

Les échiuriens

Ces vers très particuliers ont un corps plus ou moins ovoïde ou subcylindrique terminé par une trompe, parfois très extensible. Cette trompe en forme de gouttière est ciliée, ce qui permet de transporter les particules alimentaires jusqu'à la bouche comme sur un tapis roulant.

Bonellie

Thalassema

Bonellie (*Bonellia viridis*). On ne voit de la femelle que sa trompe vert émeraude, bifide, qui atteint 1 m en extension. Le corps, « patatoïde », mesure de 5 à 10 cm, et reste caché dans une anfractuosité inaccessible. Le mâle est microscopique (2 mm), et vit en parasite de la femelle. Méditerranée ; rare en Atlantique.

Thalassema (*Thalassema thalassema*) [= *T. neptuni*]. Le corps, caché sous une crevasse ou sous les pierres, est coloré de nuances de bleu, rose, jaune ou gris. La trompe forme une gouttière blanchâtre, frangée, pouvant dépasser 20 cm en extension. De 5 à 7 cm. De la Bretagne à la Méditerranée.

Les vers annelés

Les vers annelés marins appartiennent pour la plupart au groupe des Annélides Polychètes, dont chaque segment porte des palettes garnies de soies, les parapodes ; les Oligochètes (« vers de terre ») et les Achètes (sangsues) sont très peu représentés.

Classification des principaux groupes d'Annélides Polychètes

• **Polychètes errants** (mobiles, à parapodes bien développés)

• **Polychètes sédentaires** (parapodes plus ou moins réduits, corps souvent divisé en parties distinctes)
– fouisseurs (galerie dans le sable)
– tubicoles (fabriquant un tube dans lequel le ver s'abrite)
 – à panache (la tête porte un panache plumeux)
 – à filaments (la tête porte de fins filaments gluants)

Néréide d'estuaire

N.L. : *Nereis diversicolor* **Fam.** : Néréidés
Syn. : Escavène molle

Fréquent dans les zones d'estuaire, c'est le prototype des annélides errantes, et des escavènes si appréciées des pêcheurs !

• **Description :** Long et aplati, ce ver a des parapodes bien développés, et un vaisseau sanguin bien visible dans l'axe du corps. La tête porte deux gros lobes ventrus caractéristiques de la famille, 4 petits yeux noirs, 2 courtes antennes à l'avant, et 4 longs filaments de chaque côté. Le dernier segment porte une paire de filaments. La coloration va du jaunâtre orangé au verdâtre, et la taille varie entre 6 et 12 cm.

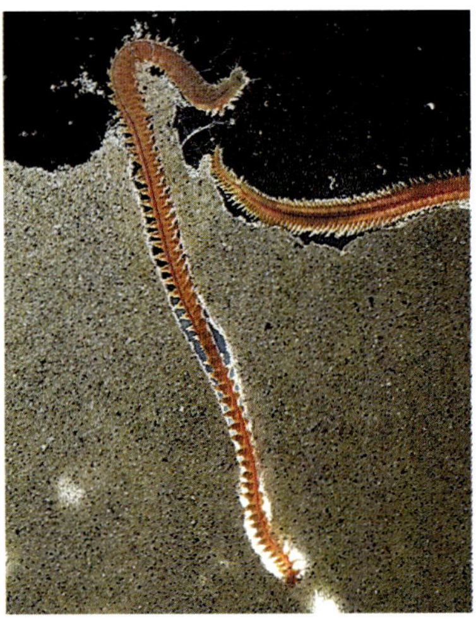

• **Habitat :** Ce ver fréquente le sable vaseux des baies abritées et des estuaires. Il y creuse un terrier, dont on voit parfois émerger sa partie antérieure lorsqu'il se nourrit à marée basse.

• **Biologie :** Les néréides rampent sur le fond, mais nagent aussi en ondulant. Inquiétées, elles peuvent sortir une « trompe » turgescente terminée par deux crochets sombres. C'est à la fois un organe de capture des proies et une arme défensive, qui peut très bien se planter dans votre doigt !

Les autres vers libres

Eulalie

Nephtys (*Nephtys hombergi*). Non illustrée. Ver aux parapodes développés lui donnant un aspect aplati. Tête réduite (4 tentacules, pas d'yeux visibles), dernier segment portant un seul long filament. S'enfouit rapidement dans le sable de la zone des marées. De 10 à 20 cm. Sur toutes nos côtes.

Eulalie (*Eulalia viridis*). Chaque segment porte une paire d'appendices foliacés. Tête bien développée (2 yeux, 5 antennes devant et 4 de chaque côté), dernier segment avec deux filaments. Coloration d'un vert intense. Vit parmi les rochers dans la zone des marées. De 10 à 15 cm. Sur toutes nos côtes.

Souris de mer, taupe

Souris de mer, taupe (*Aphrodita aculeata*). Corps large et aplati couvert d'une « fourrure » brun grisâtre, qui dissimule des écailles. Des « poils » plus forts sur les côtés, avec des reflets irisés caractéristiques. Sur fond de sable à faible profondeur. De 10 à 20 cm. Sur toutes nos côtes.

Ver de feu (*Hermodice carunculata*). Attention, danger ! Si cette espèce colorée n'hésite pas à se montrer à découvert, c'est qu'elle est extrêmement urticante. Corps brun à gris verdâtre, bordé de touffes de soies d'un blanc éclatant, soulignées de rouge par la présence de petites branchies à leur base. De 10 à 30 cm. Méditerranée méridionale.

Ver de feu

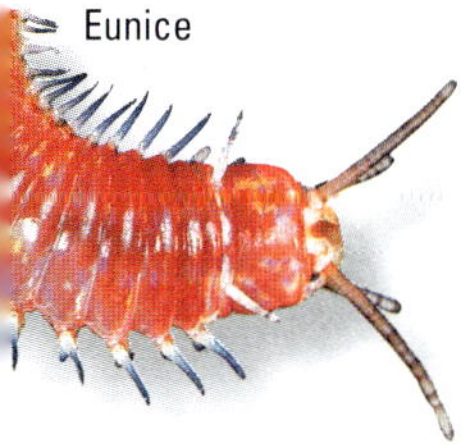
Eunice

Eunice (*Eunice harassi*). Le corps est fin, brun rougeâtre, couvert de fines branchies plumeuses sur toute sa longueur. Chaque segment est marqué d'une tache blanche carrée. Parmi les rochers et les coquillages à partir du niveau des basses mers. De 15 à 25 cm. Sur toutes nos côtes.

Arénicole

N.L. : *Arenicola marina* **Fam. :** Arénicolidés

Excellent appât pour la pêche, l'arénicole se récolte à la fourche-bêche.

• **DESCRIPTION :** Une partie antérieure en boudin (19 segments) porte 13 paires de branchies rouge vif et des parapodes d'aspect crochu ; elle est suivie d'une « queue » plus étroite sans branchies ni appendices. La coloration va du beige orangé au brun verdâtre et la taille varie de 15 à 25 cm.

• **HABITAT :** Dans le sable plus ou moins vaseux de la zone des marées, l'arénicole creuse un terrier en U dont une extrémité (côté tête) forme un entonnoir et l'autre (côté anus) un tortillon d'excréments sableux.

• **BIOLOGIE :** Ce ver se nourrit des micro-organismes et particules organiques contenus dans le sédiment. Ses besoins en oxygène sont réduits, ce qui lui permet de résister à marée basse dans des sédiments vaseux.

Spirographe

N.L. : *Spirographis spallanzanii* **Fam. :** Sabellidés

Le plus grand ver à panache de nos côtes est un timide : une ombre, un mouvement brusque, et il disparaît dans son tube à la vitesse de l'éclair !

• **DESCRIPTION :** Le tube souple du spirographe, de teinte grise à brunâtre, se dresse sur la roche, visible sur toute sa longueur (jusqu'à 30 à 50 cm). De l'animal, on ne voit que le panache plumeux implanté à la hauteur de la tête, d'un diamètre de 10 à 15 cm, qui forme une spirale caractéristique. Sa couleur va du blanc au jaune, en passant par toutes les nuances de brun et violacé, souvent avec des stries, ou marbrures, claires et sombres. Le corps du ver lui-même atteint 20 à 30 cm.

• **HABITAT :** Le spirographe se rencontre jusqu'à 40 m de profondeur, mais aussi près de la surface, par exemple dans les zones ombreuses des ports. Son tube est toujours fixé sur un substrat dur, même s'il apprécie les zones chargées en matières en suspension et à forte sédimentation.

• **BIOLOGIE :** Le panache céphalique de ce ver fait office de branchie, et piège les particules apportées par les courants : proies planctoniques, débris organiques ou minéraux. Un réseau de cils et de gouttières disposés sur les «plumes» permet de capter, transporter et trier ces particules ; certaines seront ingérées, d'autres rejetées, d'autres enfin intégrées à la fabrication du tube. En cas de stress important, le ver peut abandonner son panache, qu'il reconstituera plus ou moins en quelques semaines.

Les autres vers à tube muqueux

Sabelle

Sabelle (*Sabella pavonina*). Double panache formant deux entonnoirs parfois réunis en un seul, de coloration variable, souvent marbrée ou striée dans des nuances de brun, jaune et blanc. Le tube souple est en partie enfoui dans le sédiment meuble. Le panache atteint 10 cm. Sur toutes nos côtes.

Bispire, sabelle blanche (*Bispira volutacornis*). Possède un double panache spiralé (de 2 à 4 cm), en général de couleur claire, qui se rétracte au moindre danger. L'ouverture du tube, gris-beige, se replie alors en forme de «8» caractéristique. Des flaques de marée à 30 m. Sur toutes nos côtes.

Bispire

Sabelle oculée (*Megalomma vesiculosum*) [= *Branchiomma vesiculosum*]. Ressemble à une petite sabelle, mais les filaments plumeux sont terminés par une structure oculaire sombre, plus visible sur les deux filaments centraux. Sur fond de sable graveleux. Sur toutes nos côtes.

Sabelle oculée

Les vers à tube calcaire

Le tube calcaire sécrété par ces vers à panache est dur. Généralement blanc, il peut se couvrir de fines algues vertes ou de bien d'autres organismes.

Protule *(Protula sp.)*. Tube lisse, souvent dressé en partie. Double panache souple, disposé en fer à cheval, de couleur blanche ou beige à rouge vif selon les espèces. Diamètre du tube de 8 à 10 mm, celui du panache va de 3 à 5 cm. Sur toutes nos côtes.

Protule

Serpule

Serpule *(Serpula vermicularis)*. Tube rosâtre (rarement blanc) à crêtes longitudinales parfois dentelées. Double panache typique, avec un opercule en trompette qui obstrue le tube lorsque le ver se rétracte. Diamètre du tube de 5 mm, celui du panache est compris entre 2 et 3 cm. Sur toutes nos côtes. Probablement plusieurs espèces semblables.

Serpule triangulaire *(Pomatoceros triqueter)*. Le fin tube calcaire, portant une carène longitudinale marquée (section triangulaire), atteint 3 à 12 cm ; le petit panache est habituellement brun ou beige, parfois rouge ou bleu. À partir de la zone des marées. Sur toutes nos côtes. Le tube de *Pomatoceros lamarcki* se distingue par 3 carènes.

Serpule triangulaire

Vers tubicoles à filaments

Ils fabriquent un tube de sable et de coquillages agglomérés ou bien se cachent dans une fissure et étendent de fins tentacules gluants pour se nourrir.

◀ **Térébelle orange** *(Eupolymnia nebulosa)*. On ne voit de ce ver qu'un faisceau de filaments orangés, parfois blanchâtres. Corps à partie antérieure massive portant des branchies bien rouges, abrité dans un fourreau de graviers agglomérés sous les pierres. De 10 à 15 cm. Sur toutes nos côtes. D'autres espèces similaires.

▶ **Lanice** *(Lanice conchilega)*. Le tube couvert de graviers, dressé dans le sable, dépasse de 3 à 5 cm. Les filaments du ver sortent de fines ramifications disposées en éventail, elles aussi couvertes de grains de sable. À partir du bas de la zone des marées. Sur toutes nos côtes.

LES CRUSTACÉS

Les crustacés présentent une grande diversité de formes, de thalles et de modes de vie. Ils sont caractérisés par une carapace articulée dont chaque segment porte une paire d'appendices, et par une respiration branchiale.

Les sexes sont en général séparés. L'œuf donne une larve typique, la zoé chez la plupart des décapodes, la nauplie (ou nauplius) chez les autres espèces. Elle va subir plusieurs métamorphoses avant de devenir un juvénile ; ce dernier va progressivement ressembler à l'adulte et adopter son mode de vie.

La plupart des crustacés sont carnivores, d'autres sont détritivores ou filtrent le plancton ; certains sont capables de supporter un jeûne assez long.

Beaucoup de crustacés appartiennent au groupe des décapodes, bien représenté sur nos côtes. Ils sont caractérisés par un céphalothorax qui résulte de la fusion de la tête et du thorax. Celui-ci protège les branchies et porte les yeux pédonculés, les antennes et les antennules, les pièces masticatrices et cinq paires de pattes marcheuses (d'où le nom de décapodes).

L'abdomen est pourvu d'appendices qui portent les œufs, et parfois les aèrent ; ils permettent à certaines espèces de nager. Les décapodes se nourrissent de vers, de mollusques, de poissons morts ou affaiblis, et d'autres crustacés.

On peut sommairement diviser les décapodes en deux catégories :

- **Les décapodes nageurs (crevettes),**
- **Les décapodes marcheurs**
  - à abdomen bien développé (les Macroures), comme le homard,
  - à abdomen réduit (les Anomoures), par exemple le bernard-l'ermite,
  - à abdomen replié sous le céphalothorax (les Brachyoures), crabes et araignées.

LES DÉCAPODES NAGEURS

Ce sont principalement les crevettes. Habituellement, elles marchent lentement sur le substrat avec leurs pattes situées sous le céphalothorax. Inquiétées ou attaquées, elles peuvent sauter en arrière en repliant brusquement leur abdomen bien développé.

Crevette grise

N.L. : *Crangon crangon* **Fam.** : Crangonidés

Amusante à pêcher à marée basse, la crevette grise possède un goût fin très apprécié.

• **DESCRIPTION :** La coloration varie, suivant l'environnement, du gris-jaune au gris vert. Le rostre est court et la deuxième paire de pattes porte de petites pinces. La taille va de 7 à 8 cm.

• **HABITAT :** Elle préfère les sables fins ou vaseux, mais jamais la vase seule. On la rencontre de la zone des marées, parfois dans les flaques, jusqu'à 20 m de profondeur. Elle est commune sur toutes nos côtes, souvent dans les eaux dessalées.

• **BIOLOGIE :** Elle s'enfouit dans le sédiment à marée basse et en sort quand la marée monte. Elle se nourrit souvent la nuit de vers et de poissons morts. La femelle peut porter plusieurs milliers d'œufs sous son abdomen pendant plusieurs semaines ; elle les aère avec ses pattes.

• **UTILISATION :** Elle se consomme froide après cuisson, sa couleur est alors moins rose que d'autres crevettes.

Bouquet

N.L. : *Palaemon serratus* **Fam.** : Palémonidés
Syn. : Crevette rose

Plusieurs espèces proches sont vendues sous le nom de crevette rose, le bouquet est la plus prisée et la plus chère.

• **DESCRIPTION :** La carapace est transparente, mais décorée de lignes sombres et de petites taches. Incurvé vers le haut, le rostre porte 7 à 11 dents sur sa partie supérieure. La première paire de pattes porte de petites pinces, celles de la seconde sont plus importantes. La taille du bouquet dépasse parfois 10 cm.

• **HABITAT :** Le bouquet apprécie les zones rocheuses et les herbiers, de la surface jusqu'à quelques dizaines de mètres de profondeur, où il se confond avec son milieu grâce à sa transparence. Ils supportent les variations de température et de salinité. On peut le rencontrer dans les flaques à marée basse. Il est commun sur toutes nos côtes et vit souvent en groupe.

• **BIOLOGIE :** Omnivore, il se nourrit de vers, de crustacés, de poissons morts et d'algues. Les œufs sous l'abdomen donneront des larves pendant l'été.

• **UTILISATION :** On le cuit deux à trois minutes dans un court-bouillon, sa couleur devient alors progressivement rose ; il se consomme ensuite froid, avec diverses sauces.

RÉGÉNÉRATION DES APPENDICES

Les plus grandes espèces de crustacés perdent parfois un ou plusieurs appendices, notamment les pattes, soit accidentellement dans un combat, soit volontairement dans la même situation pour dérouter un ennemi en lui abandonnant cette prise. Cela ne les gêne que momentanément, car ils régénèrent le ou les appendices perdus lors des mues suivantes.

CREVETTES NORDIQUES

Très proches du bouquet, avec qui elles sont souvent confondues, elles s'en distinguent par le nombre de dents sur le rostre, qui est moins incurvé vers le haut et plus court. Elles sont également plus petites à l'âge adulte. Trois espèces sont assez courantes et comestibles.

Les autres crevettes roses

Bouquet de flaque (*Palaemon elegans*). Stries sombres sur la carapace et présence d'épines à la base des antennes. Vit dans la zone littorale ou les étangs salés, à faible profondeur. Sur toutes nos côtes. De 5 à 6 cm.

Bouquet de delta, crevette blanche (*Palaemon longirostris*). Non illustrée. Son rostre compte de 8 à 10 dents. Contrairement au bouquet de flaque, il n'y a pas d'épines à la base des antennes et la carapace n'est pas striée. C'est une espèce typique des eaux saumâtres, notamment dans les estuaires de nos grands fleuves, mais absente en Méditerranée. 7 cm.

Crevette rose (*Leander squilla*). Son rostre est pointu et ses grandes antennes sont une fois et demi plus grandes que le corps. On la trouve en eau peu profonde, souvent parmi les algues. Sur toutes nos côtes. 5 cm.

Crevette nordique (*Pandalus borealis*). Non illustrée. Présente sur les étals (et souvent congelée). N'est pas originaire de nos côtes, elle provient de zones plus nordiques. Le troisième segment de son abdomen présente une petite protubérance dorsale, ce qui la distingue des crevettes roses indigènes.

Bouquet de flaque

Crevette rose

UNE CREVETTE BRUYANTE

Alpheus dentipes (famille des Alphéidés, crevette-pistolet). Le rostre est presque inexistant. La première paire de pattes porte des pinces nettement dissymétriques, la plus grande permet à cette crevette de produire un bruit nettement perceptible d'où son nom commun. Elle vit dans les sables de la zone des marées, en Atlantique et en Méditerranée. De 2 à 3 cm.

Des crevettes colorées

Crevette améthyste

Crevette améthyste *(Periclimenes amethysteus)*. Son rostre est relevé, les pinces de la deuxième paire de pattes sont jaunâtres. Elle est transparente avec des bandes colorées, au dessin caractéristique. On la rencontre depuis la surface jusqu'à plus de 30 m, dans les algues, parfois dans des anémones, notamment celles du genre *Aiptasia*. Méditerranée. 3 cm.

Crevette cavernicole jaune

Crevette cavernicole jaune, crevette épineuse *(Stenopus spinosus)*. Cette crevette jaune orangé a le corps recouvert d'épines. Elle vit en couple dans des petites grottes ou sous les roches, mais elle est peu abondante. Méditerranée. 7 cm.

Crevette rouge

Crevette cavernicole rouge, crevette monégasque *(Lysmata seticaudata)*. Les bandes longitudinales rouges qui garnissent sa carapace et ses antennes de la même couleur permettent de la reconnaître aisément. Elle vit dans les anfractuosités des zones rocheuses et parfois dans des grottes, entre 2 et 15 m de profondeur.
Elle s'active principalement de nuit pour rechercher sa nourriture. Elle est mâle la première année, femelle ensuite. Manche et Atlantique (rare), Méditerranée (assez courante). De 5 à 6 cm.

Crevette verte

Crevette verte *(Hippolyte inermis)*. Elle se reconnaît aisément à sa couleur verte qui lui permet de passer inaperçue dans les herbiers, jusqu'à plus de 10 m de profondeur. Manche, Atlantique et Méditerranée. 4 cm.

Crevette-arlequin

Crevette-arlequin, drimo (*Gnathophyllum elegans*). Avec sa coloration particulière, petites taches jaunes sur fond noir, la drimo ressemble à une crevette tropicale, mais ne peut être confondue avec d'autres espèces. Elle vit dans les herbiers, dans les prairies de posidonies et dans les grottes, depuis la surface jusqu'à plus de 30 m ; elle est assez rare. Méditerranée. 3 cm.

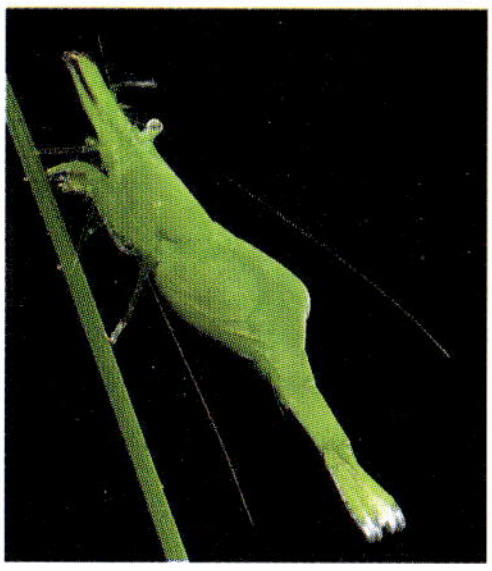

Crevette des herbiers (*Hippolyte varians*). Plus petite que *Hippolyte inermis*, on la trouve aussi dans les herbiers. Elle peut s'adapter à son environnement et changer de couleur en allant du vert émeraude au rouge foncé. Mer du Nord, Atlantique et Méditerranée.

Crevette des herbiers

Les fausses crevettes fouisseuses

Ces curieux crustacés qui ressemblent à des crevettes sont en fait beaucoup plus proches des langoustes et des cigales de mer. Leur abdomen est allongé. Elles creusent des galeries dans les sédiments fins ou vaseux. Les pinces de la première paire de pattes sont dissymétriques.

Callianasse

Callianasse (*Callianassa subterranea*). Le rostre est très court. On la rencontre jusqu'à une trentaine de mètres de profondeur. Sur toutes nos côtes. 4 cm.

Upogébie (*Upogebia pusilla*). Elle se distingue de la précédente par son rostre plus développé. Elle est commune dans certaines zones jusqu'à plus de 10 m de profondeur. Couleur blanc crème, un peu transparente. Sur toutes nos côtes. De 3 à 4 cm.

Upogébie

LES MACROURES

Ce sont les décapodes marcheurs à abdomen bien développé, mais qui peuvent effectuer des bonds en arrière en repliant cette partie de leur corps. Sur nos côtes, ils sont représentés par le homard, les langoustes, la langoustine et les cigales de mer. Tous sont comestibles et très appréciés, certains font l'objet d'une pêche commerciale importante.

Langoustine

N.L. : *Nephrops norvegicus* **Fam. :** Néphropidés

La langoustine n'est pas une cousine des langoustes, elle est en fait plus proche du homard. Elle fait l'objet d'une exploitation commerciale non négligeable, notamment dans le golfe de Gascogne.

• **DESCRIPTION :** Les pinces sont fines et portent des épines. La coloration de fond est rose orangé, avec des bandes plus foncées sur les pinces et le céphalothorax. De 20 à 25 cm.

• **HABITAT :** Elle vit sur des fonds de sable fin ou vaseux du circalittoral, elle y creuse des galeries. On la rencontre sur toutes nos côtes, en dessous de 15 ou 20 m de profondeur, principalement entre 200 et 300 m. Elle est localement abondante.

• **BIOLOGIE :** Elle chasse principalement la nuit, et se nourrit de vers, de mollusques et d'autres crustacés. Lorsqu'elle porte ses œufs sous son abdomen (quelques centaines à quelques milliers), elle sort peu de son abri. Les larves sont planctoniques pendant quelques semaines, puis se transforment en petites langoustines qui vont vivre sur le sédiment.

• **UTILISATION :** Très appréciée, elle se consomme le plus souvent froide après cuisson, avec une mayonnaise ; mais il existe des recettes pour la déguster chaude.

LA SQUILLE

Squilla mantis (squille, galère, mante de mer, famille des Squillidés) n'appartient pas au groupe des décapodes, mais à celui des Stomatopodes. Le corps est élargi vers l'arrière, la deuxième paire d'appendices thoraciques est transformée en pinces qui rappellent la mante religieuse. Sa coloration est jaunâtre, deux taches sombres entourées de blanc décorent la partie terminale de son abdomen. La squille vit sur des fonds de sables fins ou vaseux du circalittoral ; elle creuse des galeries pour s'abriter. Elle est carnivore et très vorace. Peu courante dans le golfe de Gascogne, elle est plus abondante en Méditerranée. Elle y est localement consommée cuite, seule ou dans des plats composés. De 20 à 25 cm.

Homard européen

N.L. : *Homarus gammarus (= H. vulgaris)* **Fam.** : Néphropidés

Le roi des crustacés comestibles est l'un des invertébrés marins dont la longévité est la plus grande : des aquariums publics ont gardé des homards en captivité pendant plus de cinquante ans !

• **DESCRIPTION :** Les pinces dissymétriques sont très puissantes. La coloration de la carapace est bleu plus ou moins foncé, avec des taches claires. C'est le plus gros crustacé de nos côtes, il peut dépasser 70 cm et atteindre un poids de 5 à 7 kg.

• **HABITAT :** Le homard vit en solitaire dans les zones rocheuses, parfois recouvertes de laminaires, rarement au-delà de 100 m de profondeur. Caché dans une excavation ou une fissure, il ne laisse dépasser que ses antennes et ses pinces. Il est assez commun sur les côtes de la Manche et de l'Atlantique, mais plus rare en Méditerranée. On peut encore avoir la chance de capturer un homard lors des basses-mers de vive eau, notamment au moment des marées d'équinoxe.

Larve de homard à la naissance.

• **BIOLOGIE :** C'est un carnivore qui se nourrit de vers, de crustacés et de mollusques. Sa plus grosse pince lui permet de broyer carapaces et coquilles, tandis que l'autre porte la nourriture à la bouche. Les femelles ne sont matures qu'à partir de 6 ans ; elles pondent en été plusieurs dizaines de milliers d'œufs, qui donnent des larves planctoniques, lesquelles subissent plusieurs métamorphoses avant de ressembler à l'adulte.

• **UTILISATION :** C'est le crustacé le plus apprécié et le plus cher, avec les langoustes. Il se consomme chaud ou froid après cuisson.

LE COUSIN AMÉRICAIN

On trouve de plus en plus souvent sur les étals des poissonneries le homard américain *(Homarus americanus)*, importé des États-Unis et du Canada. Sa chair est réputée plus ferme et plus sèche que celle du homard européen. Il s'en distingue par sa coloration verte plus ou moins foncée sur le dos, et orange sur le ventre.

Langouste rouge

N.L. : *Palinurus elephas (= Palinurus vulgaris)* **Fam.** : Palinuridés
Syn. : Langouste commune ou royale

La langouste rouge ne possède pas de pinces. Malgré un prix élevé, elle est recherchée pour sa chair fine.

• **DESCRIPTION :** Sa coloration est en général rouge-brun, avec des taches claires sur les premiers segments de l'abdomen. La première paire de pattes marcheuses porte une petite épine. Les épines médianes sur la partie supérieure du céphalothorax ne sont pas alignées. La langouste rouge peut atteindre 3 à 4 kg et 50 cm, mais les grands individus deviennent rares.

• **HABITAT :** La langouste vit jusqu'à plus de 100 m de profondeur, mais elle est moins commune à proximité des côtes. Elle fréquente les milieux rocheux, où elle se dissimule en attendant de sortir chasser la nuit. On la rencontre sur toutes nos côtes.

• **BIOLOGIE :** Elle se nourrit de mollusques et d'échinodermes, parfois de vers ou d'autres crustacés. Elle peut produire plusieurs dizaines de milliers d'œufs, qui donneront une larve particulière, la phyllosome. Celle-ci est planctonique et mesure 2 cm ; après plusieurs autres stades larvaires, la jeune langouste prend le mode de vie de l'adulte et lui ressemble.

• **UTILISATION :** Très appréciées chaudes ou froides, les langoustes de nos côtes sont concurrencées par les espèces étrangères, souvent importées congelées, moins chères, mais moins réputées (notamment *Palinurus regius*, langouste verte, originaire des côtes d'Afrique, et *Palinurus argus*, la langouste blanche des Caraïbes).

Grande cigale de mer

N.L. : *Scyllarides latus* **Fam. :** Scyllaridés

Comme elle se raréfie sur nos côtes depuis plus d'une vingtaine d'années, c'est une espèce qui a été protégée en 1992. Sa récolte est totalement interdite.

• **DESCRIPTION :** De forme trapue, la grande cigale ne peut se confondre qu'avec la petite cigale. Elle ne possède pas de pinces, les antennes sont très courtes, les antennules sont transformées en plaques aplaties. Sa coloration est brune. Jusqu'à 35 à 45 cm, mais les individus de cette taille sont rares.

• **HABITAT :** La grande cigale vit de la zone des marées jusqu'à environ 100 m de profondeur. On la rencontre dans des fonds rocheux, où elle se dissimule dans des anfractuosités et des petites grottes, mais elle fréquente également les herbiers de posidonies. Sur nos côtes, elle n'est présente qu'en Méditerranée. C'est en Corse que l'on a le plus de chances de la voir. Elle est occasionnellement observée par les plongeurs attentifs, qui arrivent à la repérer dans son environnement.

• **BIOLOGIE :** Carnivore, elle se nourrit principalement de mollusques en chassant de nuit. Elle se déplace lentement, mais elle peut fuir rapidement en repliant son abdomen puissant lorsqu'elle est inquiétée.

• **UTILISATION :** Sa présence était obligatoire dans la fameuse bouillabaisse ; elle y est actuellement remplacée par la petite cigale de mer, parfois par la squille.

Petite cigale de mer *(Scyllarus arctus)*. Ne dépasse pas 12 cm de long. Elle se distingue de la grande cigale par les plaques en avant de la tête qui sont festonées. Elle vit entre 5 et 50 m de profondeur, en milieu rocheux, ou dans les posidonies. La petite cigale se nourrit principalement de petits mollusques bivalves qu'elle cherche surtout de nuit. Elle peut porter plusieurs dizaines de milliers d'œufs ; il y a plusieurs stades larvaires planctoniques durant quelques mois. Elle est assez rare en Manche et en Atlantique, plus commune en Méditerranée ; elle y est plus courante que la grande cigale. Elle est réputée pour sa chair, et comme elle n'est pas protégée, il est encore possible de la déguster dans une bouillabaisse.

Petite cigale de mer

LES ANOMOURES

Ce sont des décapodes marcheurs particuliers. La première paire de pattes porte toujours des pinces, elles sont dissymétriques chez les pagures (ou bernard-l'ermite). Ceux-ci protègent leur abdomen mou en l'enroulant dans une coquille vide de gastéropode, et ils peuvent presque s'y dissimuler entièrement. Au cours de leur croissance, ils en changent régulièrement pour une plus grande, ils sont alors très vulnérables. Les galathées et les crabes porcelaine ont un abdomen partiellement réduit, et plus ou moins replié sous le corps.

Bernard-l'ermite

N.L. : *Pagurus bernhardus (= Eupagurus bernhardus)* **Fam.** : Paguridés
Syn. : Pagure

Bernard-l'ermite portant une anémone *(Calliactis parasitica)* voir p. 48.

Bernard-l'ermite avec une coquille recouverte d'hydraires *(Hydractinia echinata)* voir p. 44.

Rarement consommés, les bernard-l'ermite sont de très bons appâts pour la pêche.

• **DESCRIPTION :** Le corps est jaune orangé. De 7 à 8 cm.

• **HABITAT :** Il vit sur des fonds de sable ou de graviers, de la zone des marées jusqu'à plus de 100 m de profondeur. On le rencontre sur toutes nos côtes.

• **BIOLOGIE :** Après une phase larvaire, le jeune pagure se métamorphose et tombe au fond, il cherche immédiatement une coquille vide pour s'abriter. Il porte souvent l'anémone *Calliactis parasitica* sur sa coquille, mais il peut vivre sans elle. Elle lui assure une certaine protection contre ses ennemis, et elle profite de particules alimentaires provenant des repas du pagure (souvent des animaux morts). Cette association à bénéfice réciproque s'appelle une symbiose. Lorsque le pagure change de coquille, il emmène son anémone.

Les autres pagures

Gonfaron (*Pagurus prideauxi*) [= *Eupagurus prideauxi*]. Ne peut vivre sans son anémone *Adamsia carciniopados*. Sa plus grosse pince porte quelques « poils » appelés soies. Commun sur toutes nos côtes, jusqu'à quelques dizaines de mètres de profondeur. De 4 à 6 cm.

Gonfaron

Pagure de roches (*Clibanarius erythropus*). Tubercules et taches bleues sur les pinces, coloration brun verdâtre, yeux noirs à points blancs. Commun dans les fonds rocheux à faible profondeur. Manche, Atlantique et Méditerranée. De 2 à 3 cm.

Pagure de roches

Grand pagure (*Dardanus arrosor*) [= *Pagurus* ou *Eupagurus arrosor*]. Héberge l'anémone *Calliactis parasitica*, ou l'éponge *Suberites domuncula*, qui peut enrober totalement la coquille. La plus grosse pince est marquée de lignes transversales. Méditerranée. De 9 à 10 cm. Souvent confondu avec *Dardanus calidus* (pas de lignes sur la pince, Méditerranée, 5 cm).

Grand pagure

Pagure sédentaire (*Calcinus tubularis*) [= *C. ornatus*]. Vit plus souvent dans des tubes calcaires de vers que dans des coquilles. Pinces et pattes décorées de rouge. Méditerranée, à quelques mètres de profondeur. 2 cm.

Pagure sédentaire

Les galathées

L'abdomen est partiellement replié sur lui-même (pas sous le céphalothorax). Le rostre est triangulaire et bordé de dents. Les grandes pinces sont plus longues que le corps ; la cinquième paire de pinces est repliée sur le dos.

Galathée striée juvénile

Galathée striée (*Galathea strigosa*). Des lignes bleues sur fond rougeâtre, des épines sur les pinces. Zone côtière, jusqu'au circalittoral, sur des fonds sableux grossiers, ou dans les rochers. Sur toutes nos côtes. 9 cm (sans les pinces).

Galathée rouge (*Galathea dispersa*). Couleur orangée, parfois tachetée de blanc, pinces sans épines, 3 rainures transversales sur les segments de l'abdomen. Circalittoral, notamment les fonds coralligènes. Sur toutes nos côtes. 3 cm (sans les pinces).

Galathée verte, noire (*Galathea squamifera*). Coloration brun-vert, pinces garnies de tubercules non épineux. Dans les eaux peu profondes, sous les pierres. Commune sur toutes nos côtes. De 6 à 7 cm (sans les pinces).

Galathée striée adulte

Galathée verte

Les brachyoures

Ces crustacés possèdent un abdomen complètement replié sous le céphalothorax. Dans ce groupe, on trouve les araignées et les crabes. Les brachyoures sont carnivores, souvent voraces, et se nourrissent parfois de cadavres.

Grande araignée de mer

N.L. : *Maja squinado* **Fam.** : Majidés

C'est la plus grosse araignée de mer de nos côtes. Malgré son camouflage, il n'est pas rare que des plongeurs puissent l'observer.

• **Description :** La carapace est garnie d'épines courtes sur le dessus, plus longues sur les côtés. Elle atteint 20 cm, autant que la première paire de pattes. La coloration est brun rougeâtre, les pattes sont plus claires. Les mâles ont un abdomen plus étroit que celui des femelles, mais des pinces plus développées.

• **Habitat :** Cette araignée vit sur des fonds sableux ou grossiers, en dessous de la zone des marées, jusqu'à plus de 60 m de profondeur. Les jeunes grandissent près des côtes ; les adultes ne s'y trouvent qu'au printemps et en été, ils gagnent des zones plus profondes l'hiver. Ce crustacé est assez commun sur toutes nos côtes.

• **Biologie :** Lentes, les araignées ne peuvent se nourrir que d'animaux immobiles ou aussi peu rapides qu'elles : bivalves, gastéropodes, échinodermes. Elles se regroupent pour la reproduction. Les larves sont planctoniques pendant quelques semaines, puis se métamorphosent. Les jeunes araignées tombent sur le fond, elles mesurent alors 2 mm.

• **Utilisation :** Parfois méconnue, en comparaison avec les langoustes et le homard; sa chair fine est très appréciée. La grande araignée se consomme chaude, en sauce, ou froide avec de la mayonnaise.

Les autres araignées

Petite araignée de mer (*Pisa tetraodon*). Les deux parties du rostre s'écartent à leurs extrémités. Carapace pourvue de quelques épines latérales et garnie de tubercules sur le dessus. Coloration brun-rouge. Eaux peu profondes, sur toutes nos côtes. 4 cm. Quelques espèces proches.

Araignée à longues pattes (*Macropodia longirostris*). Rostre constitué de deux pointes fines recouvertes de soies. Commune dans les algues des eaux peu profondes, jusqu'à 50 m de profondeur. Sur toutes nos côtes. 3,5 cm. Quelques espèces proches qu'il est difficile de distinguer, dont *Macropodia rostrata*, avec le rostre plus court.

Araignée-fantôme ou araignée-scorpion (*Inachus dorsettensis*). Carapace triangulaire, rostre court, 4 tubercules à l'avant de la carapace, 6 plus gros en arrière. La deuxième paire de pattes marcheuses est la plus longue. Sur des sables fins à grossiers, de la zone des marées jusqu'à 100 m de profondeur. Sur toutes nos côtes. Taille de la carapace : de 2 à 3 cm.

Araignée bossue (*Acheus cranchii*). Une protubérance de chaque côté de la carapace, dans sa partie antérieure. Pinces épineuses, et pattes marcheuses recouvertes de soies. Couleur jaune rougeâtre. Dans le circalittoral, jusqu'à 70 m de profondeur. Sur toutes nos côtes. Taille de la carapace : de 10 à 12 mm.

Crabe-araignée, crapaud de mer (*Hyas araneus*). Quelques tubercules sur la carapace. Deux rangées de poils sur le rostre divisé en deux parties très rapprochées. Sur les fonds de sédiment grossier et dans les roches. Absent en Méditerranée. 10 cm.

Petite araignée de mer

Araignée à longues pattes

Araignée-fantôme

Crabe-araignée

Araignée bossue

Les crabes-araignées

Ces crustacés ont une forme intermédiaire entre les crabes et les araignées, ils portent d'ailleurs souvent le nom de crabes-araignées. Leur carapace est rugueuse, recouverte de tubercules plus ou moins épineux. La première paire de pattes est plus longue que les autres et porte des pinces assez puissantes.

Crabe-bourse

Crabe-bourse *(Ebalia cranchii)*. La carapace est plus longue que large, et renflée sur les deux côtés, sa taille ne dépasse pas 1 cm. La couleur a une dominante rougeâtre plus ou moins foncée, avec des petits points plus sombres, les pattes sont plus claires. Ce crustacé se rencontre sur toutes nos côtes, à partir de la zone des marées jusqu'à plus de 100 m de profondeur, sur des substrats en général grossiers. Il existe plusieurs espèces voisines.

Crabe à longues pattes

Crabe à longues pattes *(Parthenope angulifrons)* [= *Lambrus angulifrons*]. Sa carapace est nettement triangulaire et couverte de tubercules arrondis et épineux. La première paire de pattes est plus puissante et plus grande que les autres. La coloration est gris-brun, la taille de la carapace atteint 3 cm. Ce crustacé vit jusqu'à 50 m de profondeur, uniquement en Méditerranée. Une espèce proche *(P. massena)* se rencontre en Atlantique, elle est plus petite et plus brune.

Dromie velue

Dromie velue ou crabe dormeur *(Dromia personata)* [= *D. vulgaris*]. Crabe primitif, car les orifices génitaux ne sont pas aux mêmes endroits que les vrais crabes. La dromie velue doit son nom commun à sa carapace recouverte d'un fin duvet de soies, ce qui lui donne un aspect velouté. Elle se camoufle en maintenant divers organismes (éponges, ascidies) sur le dessus de son corps avec sa dernière paire de pattes. Elle se rencontre sur toutes nos côtes, de la zone des marées à plus de 50 m de profondeur. La carapace mesure jusqu'à 10 cm de large.

Un crabe fouisseur

Crabe fouisseur ou crabe masqué *(Corystes cassivelaunus)*. Carapace étroite et assez longue, de couleur brun rougeâtre à gris sable ; antennes plus longues que la carapace. Cette espèce s'enfouit dans le sédiment, en ne laissant dépasser que ses antennes. Comme elle doit quand même respirer, elle peut être détectée par les mouvements du sable, qui matérialisent le courant d'eau nécessaire à l'oxygénation de ses branchies. Taille de la carapace : un peu plus de 3 cm. Sur toutes nos côtes.

Dorippe *(Mesodorippe lanata)* [= *Dorippe lanata*]. Céphalothorax très aplati et recouvert de soies, plus étroit vers l'avant, et ne couvrant pas entièrement l'abdomen. Couleur brun clair, plus ou moins rougeâtre ou orangée. La dorippe se protège de ses prédateurs en se camouflant avec une anémone, une ascidie, ou une éponge qu'elle maintient sur le dessus de sa carapace avec sa cinquième paire de pattes marcheuses. elle vit sur des fonds vaseux du circalittoral, en Atlantique et en Méditerranée. 3 cm.

Dorippe

Calappe granuleux

Calappe granuleux ou honteux, crabe-boîte *(Calappa granulata)*. Sa carapace est très bombée et porte des tubercules. Ses très grandes et très larges pinces se replient parfaitement devant pour le protéger, ce qui lui vaut son surnom de crabe honteux, car il se couvre ainsi la face. La couleur de fond est jaunâtre, avec des taches rouges sur le dessus de la carapace et sur les pinces. Il vit sur les sédiments fins dans lesquels il s'enfouit parfois, de quelques dizaines de mètres de profondeur à plus de 100 m. On ne le trouve qu'en Méditerranée. Il atteint de 9 à 10 cm de largeur.

Les porcellanes

Elles ressemblent à des petits crabes, mais sont en fait plus proches des galathées. Leur carapace est presque circulaire ; la cinquième paire de pattes marcheuses, très réduite, est repliée sur le dos. Elles se nourrissent de détritus divers et vivent dans les anfractuosités des zones rocheuses.

Porcellane velue

Porcellane noire

Porcellane noire *(Pisidia longicornis)*. Pinces assez minces. Coloration brun foncé à vert olive. Vit de la zone des marées au circalittoral, souvent parmi des moules. Sur toutes nos côtes. 1 cm.

Porcellane velue ou grise *(Porcellana platycheles)*. Carapace et pinces plates recouvertes de poils. Zone des marées, sous les rochers, ou dans les rhizomes des posidonies en Méditerranée. Sur toutes nos côtes. 1,5 cm.

LES VRAIS CRABES

Leur carapace est aplatie, et plus large que longue. L'abdomen est très petit et replié en permanence sous le céphalothorax. Les pinces, souvent puissantes, ne sont présentes que sur la première paire de pattes ; les antennes sont toujours petites. Les crabes vivent en général dans la zone des marées, ce sont des carnivores redoutables.

Tourteau

N.L. : *Cancer pagurus* **Fam. :** Cancridés
Syn. : Dormeur

C'est le plus gros crabe de nos côtes. Son indolence lorsqu'on cherche à le capturer lui a valu le surnom de dormeur, mais il faut se méfier de ses pinces.

• **DESCRIPTION :** Sa carapace est ovale et lisse, le bord antérieur est crénelé. Les pinces sont très puissantes, leur extrémité est noire. Le reste du corps est brun rougeâtre. Jusqu'à 30 cm de large, pour un poids de plusieurs kilos.

• **HABITAT :** Le tourteau vit sur les fonds caillouteux et rocheux de la zone des marées jusqu'à environ 30 m de profondeur l'été, davantage l'hiver ; les jeunes se rencontrent plus près du rivage. Il fréquente toutes nos côtes, mais il est rare en Méditerranée.

• **BIOLOGIE :** Le tourteau est carnivore et se nourrit de mollusques, d'échinodermes et d'autres crustacés. Sa plus grosse pince broie facilement carapaces et coquilles, tandis que l'autre déchire les chairs. La reproduction a lieu de janvier à septembre, l'accouplement se produisant après la mue de la femelle. Celle-ci peut garder les spermatozoïdes dans une poche spéciale pendant plus d'un an avant de pondre quelques millions d'œufs, qu'elle porte sous son abdomen. À l'éclosion, les larves vivent en pleine eau, subissent plusieurs mues, puis tombent sur le fond lorsqu'elles atteignent la taille de 4 mm environ.

• **UTILISATION :** Le tourteau est un crustacé très apprécié, surtout pour la chair de ses pinces ; sa présence est pour ainsi dire indispensable sur un plateau de fruits de mer digne de ce nom. Il se cuit au court-bouillon, se mange froid en mayonnaise ou chaud et farci, la carapace retournée étant alors un élément de décoration. On le trouve parfois congelé dans le commerce, mais sa chair semble dans ce cas moins appréciée.

Un jeune tourteau en maraude à marée haute.

La famille des Xanthidés

Ces crabes très communs sont caractérisés par des soies sur les pattes marcheuses. Les pinces sont robustes, leur extrémité est souvent de couleur foncée. Rapides, ils sont difficiles à attraper et se défendent vigoureusement. Ils ne sont pas consommés.

Crabe verruqueux

Crabe poilu

Crabe de pierre

Xanthe

Crabe verruqueux *(Eriphia verrucosa)* [= *E. spinifrons*]. La carapace porte des épines et des tubercules sur sa partie antérieure ; la coloration varie du brun rougeâtre au brun verdâtre, le ventre est plus clair. Sa taille atteint 10 cm de large. Le crabe verruqueux vit dans les rochers de la zone des marées, il peut rester quelques heures hors de l'eau, mais en milieu humide et à l'ombre. On le rencontre en Atlantique et en Méditerranée.

Crabe poilu *(Pilumnus hirtellus)*. La partie antérieure de la carapace porte une dizaine de dents. Elle est nettement velue, ainsi que les pattes. La couleur est brun rougeâtre, les pinces sont un peu plus claires, l'une d'elles est plus développée. C'est un petit crabe qui ne dépasse pas 2 cm, très commun sur toutes nos côtes, de la zone des marées jusqu'à une dizaine de mètres de profondeur. Il existe quelques espèces proches, moins fréquentes.

Crabe de pierre *(Xantho pilipes)*. La carapace est globalement ovale, avec quatre dents peu marquées sur sa partie antérieure ; la coloration est jaunâtre avec des taches rouges.
L'extrémité des pinces, bien développées, est brune, les quatre autres paires de pattes marcheuses portent des soies. Le crabe de pierre vit dans les rochers de la zone des marées, mais aussi jusqu'à plus de 100 m de profondeur ; il est assez belliqueux. On le rencontre sur toutes nos côtes. 3 cm.

Xanthe *(Xantho incisus)*. L'extrémité des pinces est noire, la carapace est lisse mais bosselée, de couleur brune. 4 cm. Sur toutes nos côtes.

Crabe vert

N.L. : *Carcinus maenas*
Syn. : Crabe enragé

Fam. : Portunidés

C'est le crabe le plus commun sur nos côtes. Il se défend avec hargne et peut pincer vigoureusement.

• **DESCRIPTION** : La carapace est presque trapézoïdale et granuleuse. Il y a cinq dents de chaque côté des yeux. La coloration est vert plus ou moins foncé, parfois plus rouge. 8 cm.

• **HABITAT** : Il fréquente les rochers, les herbiers et les zones de sable fin, dans lequel il peut s'enfouir rapidement pour échapper à un ennemi. Très résistant, il supporte bien l'émersion et les eaux moins salées. On le trouve également dans les ports et dans certaines zones polluées. Il est présent sur toutes nos côtes ; en Méditerranée, il cohabite avec *C. aestuarii* (= *C. mediterraneus*), dont la carapace est plus lisse.

Crabe vert

• **BIOLOGIE** : Pour se défendre, il se dresse presque à la verticale en brandissant ses pinces. Le crabe vert se nourrit principalement de mollusques bivalves qu'il broie facilement avec ses pinces. À ce titre, il est considéré comme l'ennemi des conchyliculteurs, il peut en effet dévorer jusqu'à 50 jeunes huîtres par jour ! Les sexes sont séparés, les larves planctoniques sont caractéristiques, elles portent une longue épine sur la tête. Après plusieurs métamorphoses, les jeunes crabes de quelques millimètres tombent sur le fond et prennent le mode de vie des adultes.

• **UTILISATION** : Le crabe vert est apprécié malgré sa petite taille et la faible quantité de chair que contiennent ses pinces. On le consomme seul, dans des soupes, mélangé ou non à du poisson, ou dans la bouillabaisse.

Crabe marbré

Crabe marbré, crabe carré (*Pachygrapsus marmoratus*). Sa carapace plate et presque rectangulaire lui permet de se glisser aisément dans les fentes rocheuses. Sa couleur est vert olive, parfois violacée, avec des marbrures. Il peut survivre assez longtemps hors de l'eau, en milieu humide ; il se déplace avec vivacité et est très difficile à attraper. Il mesure jusqu'à 4 cm, et se rencontre en Atlantique et en Méditerranée.

Les étrilles

Comme le crabe vert, les étrilles (ou crabes nageurs) appartiennent à la famille des Portunidés. Leur cinquième paire de pattes est élargie et leur permet de nager en pleine eau sur de courtes distances, l'aplatissement du corps et la forme de la carapace facilitant ce type de déplacement. Communes, les étrilles sont comestibles ; la plus courante est particulièrement appréciée pour sa chair fine.

Étrille commune

Étrille commune (*Necora puber*) [= *Macropipus puber, Liocarcinus puber* ou *Portunus puber*]. Pinces dissymétriques, carapace recouverte d'un fin duvet et pourvue de cinq dents de chaque côté, couleur du gris-brun au brun-rouge, avec des taches bleues sur les pattes, yeux rouges. 10 cm. Dans les roches ou sur le sable, de la zone des marées jusqu'à plus de 50 m de profondeur, sur toutes nos côtes. Réputée pour sa chair, mais aussi parce qu'elle se défend avec énergie.

Étrille nageuse

Étrille nageuse (*Liocarcinus depurator*) [= *Macropipus depurator* ou *Portunus depurator*]. Extrémité de la cinquième paire de pattes bleu-violet, reste du corps brun rougeâtre. Sur les sables fins de toutes nos côtes. De 5 à 6 cm.

Étrille rouge ou volante (*Liocarcinus corrugatus*) [= *Macropipus corrugatus* ou *Portunus corrugatus*]. Carapace rougeâtre. À partir des plus basses mers, sur le sable et les graviers, en Manche, en Atlantique et en Méditerranée. 6 cm.

Étrille grise (*Liocarcinus holstatus*) [= *Macropipus holstatus* ou *Portunus holstatus*]. Non illustrée. Carapace assez lisse, avec trois dents peu marquées entre les yeux, pinces assez fines. Coloration brun-vert. Espèce présente sur toutes nos côtes, à partir des plus basses mers, sur le sable, mais moins courante en Méditerranée. De 5 à 6 cm.

Étrille fouisseuse

Étrille fouisseuse ou élégante (*Portumnus latipes*). Carapace plus longue que large, lisse et brillante. Couleur sable, marbrée de blanc. Vit enfoui dans le sable, dès la zone des marées. Sur toutes nos côtes. 2 cm.

Étrille rouge

À L'ABRI D'UN BIVALVE

Pinnothère ou crabe petit-pois *(Pinnotheres pisum.)* La carapace est presque ronde et lisse, elle ne dépasse pas 1 cm, sa couleur est gris jaunâtre. Le pinnothère est commun à l'intérieur de la coquille de moules ou parfois d'autres mollusques bivalves ; ce n'est pas un parasite, il cherche simplement un abri. Il peut également vivre en dehors de son hôte, notamment au moment de la reproduction, pour chercher un partenaire. Il se nourrit de diverses particules apportées par le courant d'eau créé par la filtration des mollusques. On rencontre cette espèce sur toutes nos côtes, ainsi que *P. pinnotheres,* qui habite dans la nacre *(Pinna nobilis)* ou dans des ascidies.

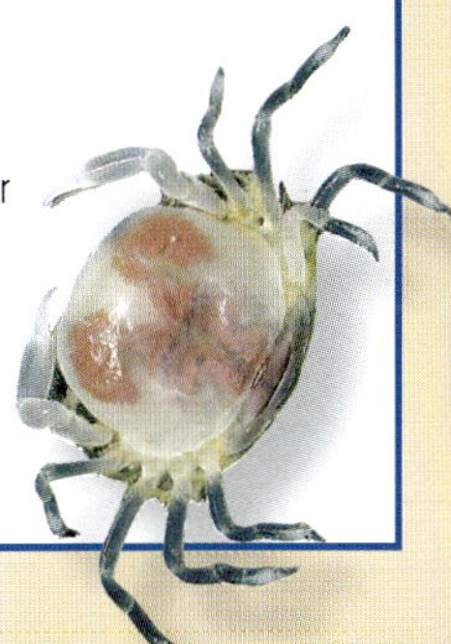

Les cirripèdes

On les prend souvent pour des coquillages, mais ce sont bien des crustacés : ils ont été classés parmi eux en raison de leurs larves, très semblables à celles des autres membres du groupe. Ils vivent fixés sur différents supports, et captent des particules en suspension en étendant leurs fins appendices rétractiles.

Balane crénelée

N.L. : *Balanus crenatus* **Fam.** : Balanidés

En dépit de son apparence, la balane est bien un crustacé, sans intérêt alimentaire.

• **Description :** La carapace, grossièrement conique, est formée de 6 plaques calcaires. À leur partie supérieure, un opercule protège l'ouverture par laquelle sortent leurs branchies ciliées qui filtrent l'eau pour en extraire l'oxygène, et retiennent des particules alimentaires issues du plancton. 25 mm de diamètre.

Balane crénelée

• **Habitat :** Cette balane se fixe sur toutes sortes de supports : rochers, bois, carapaces de crustacés, moules dans la zone des marées, mais aussi sur les coques des bateaux, et parfois même sur la peau des baleines ! Elle est absente en Méditerranée.

• **Biologie :** Ce crustacé est très résistant à l'assèchement et aux variations de température. Il est hermaphrodite ; les œufs fécondés restent dans le corps de l'animal jusqu'à l'éclosion. La larve libérée est typique des crustacés, elle vit dans le plancton avant de se fixer sur un support.

Balane commune *(Semibalanus balanoides)* *[= Balanus balanoides]*. Carapace formée de 6 plaques, diamètre 1 cm ; l'ouverture est hexagonale. Commune dans la zone des marées en milieu abrité, un peu plus haut en mode battu. Absente en Méditerranée.

Balane étoilée *(Chthamalus stellatus)* *[= Balanus stellatus]*. Forme conique et presque symétrique, ouverture ovale, diamètre 15 mm. Sur les rochers, elle forme souvent des bandes étroites, parallèlement au plus haut niveau de l'eau, là où on ne rencontre plus d'algues. Uniquement en Méditerranée.

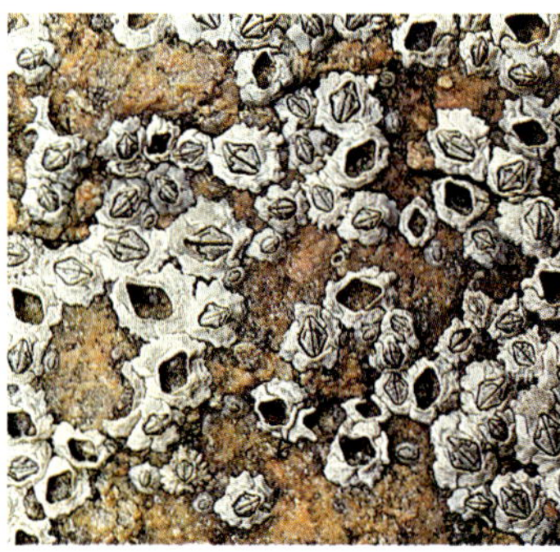

Balane étoilée

Des crustacés bizarres, mais comestibles

Anatife

Anatife *(Lepas anatifera)* Au Moyen Âge, on pensait que l'anatife donnait naissance à des canards ! Il ne possède que 5 plaques lisses et blanches pour protéger ses organes. Il vit fixé sur des épaves flottantes, parfois en groupe très serré, et on le trouve donc échoué avec celles-ci sur les plages. Il est comestible, mais rarement consommé. On le rencontre sur toutes nos côtes. Jusqu'à 9 cm.

Anatife

Pouce-pied *(Mitella pollicipes)* [= *Pollicipes cornucopiae*]. La partie supérieure du corps est protégée par plusieurs plaques de taille inégale. Des organes ciliés, les cirres, en sortent pour capter du plancton, dont le pouce-pied se nourrit ; ils ont également un rôle respiratoire. Le pied, seule partie comestible, est rétractile et sert à la fixation de l'animal sur différents supports : roches, bois, parfois épaves. Sa taille atteint 10 cm. Cette espèce est hermaphrodite, ses larves sont d'abord planctoniques et libres avant de se fixer. Le pouce-pied vit dans la zone des marées, uniquement en Atlantique. Il se consomme chaud après avoir été bouilli dans de l'eau salée.

Pouce-pied

Pouce-pied

Un crustacé parasite d'un autre crustacé

Sacculine *(Sacculina carcini).* Certains crabes verts (parfois même des étrilles) présentent une masse jaune ou orangée sous l'abdomen. À première vue, on pourrait penser qu'il s'agit d'une éponge, mais c'est en fait un parasite, la sacculine. Sa larve se fixe sur le crabe, change de forme et pénètre dans tout son organisme en constituant un réseau de « branches » rayonnantes. La sacculine absorbe, dans le corps du crabe, diverses substances lui permettant de se développer pour former un sac externe, seule partie visible du parasite. Ce sac contient les œufs qui vont produire les larves, après quoi la sacculine meurt, souvent avec son hôte. Celui-ci ne semble pas gêné dans sa vie quotidienne, mais son équilibre hormonal est détruit, ce qui l'empêche de muer. Ce parasite est présent sur toutes nos côtes.

Les autres crustacés

Un certain nombre d'espèces de crustacés ne font pas partie des groupes précédemment cités, bien que certains aient l'allure de petites crevettes. De taille modeste, ils sont cependant assez courants et peuvent s'observer sur nos côtes, à faible profondeur.

Artémia

L'artémia *(Artemia salina)* appartient au groupe des Branchiopodes, ce qui signifie que ses branchies sont situées sur ses nombreuses pattes. En les agitant, elle respire, mais elle filtre également l'eau pour se nourrir de microalgues. Elle vit dans les marais salants du monde entier ; en France, on la rencontre en Camargue. L'été, lorsque l'eau s'évapore, les artémias pondent des œufs de durée (des cystes) qui résistent à l'assèchement, à la chaleur et au froid. Replacés dans l'eau, ils éclosent en moins de 48 heures pour donner une larve, la nauplie. Celle-ci est bien connue en aquariophilie et en pisciculture marine, car elle sert d'aliment aux larves de plusieurs espèces de poissons. 1 cm pour l'adulte, 0,4 mm environ pour la nauplie.

Les puces de mer

Elles appartiennent au groupe des Amphipodes, dont le corps est comprimé latéralement. Parmi tous les appendices, il y a trois paires de pattes pour les déplacements sur le sol, et trois paires pour la nage. Les puces de mer doivent leur nom aux brusques sauts qu'elles peuvent effectuer lorsqu'elles sont hors de l'eau. Il y a plusieurs espèces, deux sont plus communes.

Talitre

Talitre, crevette de sable *(Talitrus saltator)*. C'est la plus grande puce de mer (2,5 cm), qui fréquente toutes nos côtes. Elle vit hors de l'eau, mais en milieu humide, dans des algues échouées ou dans les premiers centimètres de sable. Inquiétée, elle se réfugie rapidement dans l'eau en sautant. Le talitre se nourrit de végétaux plus ou moins décomposés qu'il recherche principalement de nuit. Il semble qu'il puisse se diriger en fonction du soleil et de la lune.

Talitre

Gammare de mer

Gammare de mer, crevettine *(Gammarus marinus)*. Au contraire du talitre, ses antennes sont à peu près égales. Il fréquente les eaux dessalées, où il nage sur le côté ; il vit parmi les algues, dont il se nourrit. 2,5 cm. Absente en Méditerranée.

LES FAUSSES CREVETTES

Les Mysidacés ressemblent à de petites crevettes, mais nagent en permanence. Leur corps est transparent, et leurs yeux très développés. Elles se rencontrent dans le circalittoral, mais remontent plus près de la surface la nuit. Il existe plusieurs dizaines d'espèces difficiles à différencier. De 1 à 2 cm. Sur toutes nos côtes.

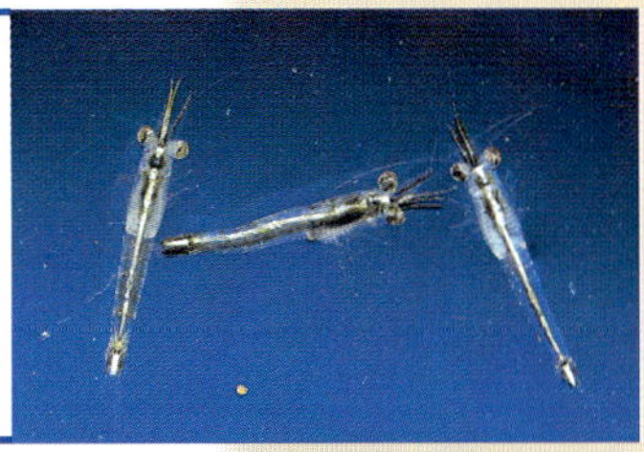

Les isopodes

Leur corps aplati est entièrement segmenté et comprend six paires de pattes identiques pour les déplacements.

Idotée (*Idothea baltica*). Sa forme, allongée et plate, et sa couleur verte lui permettent de se camoufler dans les phanérogames et dans les fucus, dont elle se nourrit. 3 cm. Sur toutes nos côtes.

Idotée

Ligie

Ligie (*Ligia oceanica*). Ce crustacé au corps ovale est en fait presque entièrement terrestre ! Il vit dans les rochers de l'étage supralittoral, mais ne s'éloigne pas trop de l'eau, pour bénéficier d'un milieu humide, ou pour s'y réfugier. Il se déplace de nuit, à la recherche d'algues, pour s'alimenter. De 2 à 3 cm. Sur toutes nos côtes.

Ligie

Anilocre (*Anilocra mediterranea*). Elle se fixe fortement aux poissons, pour se nourrir de leur sang ou de fragments de leur peau.
C'est donc un vrai parasite, qui peut se détacher de son hôte et nager à la recherche d'un autre. 5 cm. Méditerranée, deux espèces proches, dont une en Atlantique.

Anilocre sur un jeune labre

LES CREVETTES FANTÔMES

Les caprelles (*Caprella sp.*, famille des Caprellidés) sont des amphipodes particuliers. Elles sont difficiles à distinguer entre elles. Leur forme particulière, leur petite taille (2 cm au maximum) et leur quasi-immobilité les rendent presque invisibles dans les algues et les hydraires, où elles vivent. Elles sont assez communes sur toutes nos côtes.

Caprella acanthifera

Caprella sp.

Les mollusques

Le groupe des mollusques comprend plus de 70 000 espèces. Il est très diversifié, mais tous ses membres sont caractérisés par un certain nombre de points communs : un corps mou non segmenté et une tête portant les organes sensoriels. La masse viscérale (qui renferme les principaux organes) est enveloppée par le manteau, lequel sécrète la coquille calcaire, externe ou interne, quand elle existe.

Classification des principaux groupes de mollusques de nos côtes

- **Polyplacophores**
Ce sont les chitons, mollusques particuliers, très différents des autres groupes.

- **Gastéropodes**
C'est le plus grand groupe des mollusques, avec plus de 60 000 espèces. La coquille a grossièrement l'aspect de celle d'un escargot, mais il existe une grande diversité de formes. Les plus jolies d'entre elles, parfois de petite taille, sont vivement colorées et font la joie des enfants et des collectionneurs, qui les ramassent sur les plages.

- **Bivalves**
Leur coquille est formée de deux valves s'emboîtant grâce à des dents et reliées par un ligament. Elles peuvent se collectionner comme celles des gastéropodes. Les espèces les plus connues sont certainement les huîtres et les moules, mais beaucoup d'autres sont également comestibles.

- **Céphalopodes**
Céphalopode veut dire « pieds sur la tête ». En effet, celle-ci porte des tentacules munis de ventouses. Les céphalopodes sont les mollusques les plus évolués, ce sont aussi les plus grands.

- **Scaphopodes**
Il n'en existe que quelques espèces sur nos côtes, les dentales, aisément reconnaissables à leur coquille tubulaire en forme de minuscule défense d'éléphant.

Les chitons

De forme ovale et allongée, la coquille des chitons est constituée de huit plaques dorsales articulées qui s'emboîtent dans une ceinture étroite qui entoure le corps. Cette structure leur permet de s'enrouler sur eux-mêmes.
Ils vivent sur des substrats rocheux, dans la zone des marées, parfois hors de l'eau, dans des zones battues par les vagues. Ils adhèrent à leur support grâce à un pied puissant, et rampent pour brouter les algues encroûtantes.

Chiton gris ou cendré (*Lepidochitona cinerea*). Coloration grise ou verdâtre. La ceinture porte de petites granulations arrondies. C'est le chiton le plus commun, on le trouve sur toutes nos côtes. 25 mm.

Chiton du maërl (*Callochiton laevis*). Vivant sur le maërl, il s'y confond grâce à sa couleur rouge rosé. 15 mm. Absent de Méditerranée.

Chiton du maërl

Chiton vert (*Callochiton olivaceus*) [= *Chiton olivaceus*]. Sa couleur va du vert jaunâtre à orangé. Il est très fréquent sous les pierres, particulièrement dans les premiers mètres de profondeur et jusqu'à 25 m. De 3 à 4 cm. Uniquement en Méditerranée, où il est le plus commun des chitons.

Chiton gris ou cendré

Chiton vert

Les gastéropodes

C'est le plus grand groupe de mollusques, puisqu'il compte plus de 60 000 espèces. La coquille se ferme souvent par un opercule qui isole totalement l'animal de son milieu. La tête est souvent bien visible et porte les organes sensoriels. Le pied, quant à lui, est développé et leur permet de ramper, voire de s'enfouir. Certains gastéropodes sont comestibles et très appréciés, notamment les bigorneaux.

Patelle de l'Atlantique

N.L. : *Patella vulgata* **Fam. :** Patellidés

Selon les régions, les patelles portent différents noms : arapède, bernique, chapeau chinois. Il est difficile de les détacher de leur support, la force d'adhérence atteignant 3 à 4 kg par cm².

• **Description :** Les patelles possèdent une coquille conique et solide, qui s'applique parfaitement sur les roches en les érodant, ce qui rend ces animaux difficiles à décoller. Leur coquille est en général plus haute et plus pointue dans la zone battue par les vagues, et plus comprimée en profondeur, où l'eau est moins agitée. La patelle de l'Atlantique a une couleur dominante gris-vert. Elle peut mesurer jusqu'à 6 cm.

• **Habitat :** Elles vivent dans la zone des marées, et résistent à l'émersion. Elles peuvent être abondantes dans certaines zones. La patelle de l'Atlantique est absente en Méditerranée.

• **Biologie :** Elles se déplacent, de préférence la nuit, pour brouter des algues rases, et reviennent toujours au même endroit. Elles se nourrissent de petites algues vertes ou rouges, parfois de fucus.

• **Utilisation :** Elles sont comestibles, mais consommées uniquement localement par ceux qui les récoltent ; autrefois, c'était un plat destiné aux pauvres.

Les autres patelles

Il existe plusieurs autres espèces de patelles, dont certaines ne se rencontrent qu'en Méditerranée.

Patelle chinoise

Patelle chinoise *(Patella intermedia)*. Coquille assez lisse et plus plate que celle des autres patelles, bord grossièrement découpé, intérieur blanc. On la trouve dans la zone de balancement des marées, sur des pierres ou dans des cuvettes rocheuses remplies d'eau, mais aussi jusqu'à 15 m de profondeur. De 4 à 5 cm. Commune, mais absente en Méditerranée.

Patelle géante

Patelle géante *(Patella ferruginea)*. C'est la plus grande présente sur nos côtes : elle mesure jusqu'à 7 cm, exceptionnellement 10 cm. Les bords de la coquille sont crénelés, et la surface est souvent recouverte d'algues. Malheureusement, elle semble se raréfier, peut-être parce qu'elle a été trop longtemps récoltée pour être consommée. La Corse semble être son dernier lieu d'asile, notamment dans les réserves naturelles marines. Sa récolte est interdite depuis 1992.

LES COUSINES DES PATELLES

Émarginule commune, patelle fendue *(Emarginula fissura)*. Le sommet de la coquille est excentré et on notera la présence d'une fente au bord antérieur, qui sert au rejet des excréments grâce à un courant d'eau. 1 cm. Absente en Méditerranée. Plusieurs espèces proches.

Émarginule commune

Patelle trouée, fissurelle *(Diodora apertura)*. Au sommet de sa coquille décorée de stries croisées se trouve une ouverture qui constitue son anus. Elle vit principalement dans la zone des marées, en général jusqu'à 10 m de profondeur. Se nourrit d'algues, et parfois d'éponges. 2,5 cm. Absente en Méditerranée. Plusieurs espèces voisines de même taille.

Patelle trouée

Patelle rayée de bleu

Patelle rayée de bleu, helcion *(Helcion pellucidum)*. Dans la zone de balancement des marées, et jusqu'à plus de 20 m de profondeur, presque exclusivement sur des laminaires. Se reconnaît aisément à ses lignes bleues en pointillé, plus pâles chez les individus qui vivent sur les crampons. Elle se nourrit en râpant des microalgues fixées sur les laminaires. 1,5 cm. Absente en Méditerranée.

Ormeau

N.L. : *Haliotis tuberculata* **Fam.** : Haliotidés
Syn. : Oreille de mer

Bien que sa pêche soit très réglementée (notamment en plongée), le braconnage et les ramassages abusifs ont entraîné sa raréfaction.

• **DESCRIPTION :** La coquille plate présente des stries de croissance peu marquées et des ouvertures presque rondes, permettant la circulation de l'eau. Celles-ci se forment au cours de la croissance, puis se colmatent pour n'en laisser que cinq ou six de fonctionnelles. La couleur extérieure est vert brunâtre, l'intérieur de la coquille est fortement nacré.

• **HABITAT :** L'ormeau vit dans la zone de balancement des marées, jusqu'à 10 ou 20 m de profondeur. On le trouve sur les roches, sous les pierres ou dans les fentes, mais jamais sur le sable. Il est absent en Méditerranée. À pied, il faut attendre les plus basses mers de vive eau pour le voir. Les plongeurs auront peut-être plus de chance de le rencontrer s'ils regardent les roches avec attention ; mais il leur est interdit de le ramasser.

• **BIOLOGIE :** Il rampe lentement avec son large pied puissant, souvent la nuit, pour brouter les algues rases, notamment celles de couleur rouge, mais aussi les entéromorphes, qui dérivent au gré des courants. Sa croissance est très lente (90 mm, taille légale de capture, en sept ans), et il peut vivre jusqu'à une quinzaine d'années (130 mm et presque 300 g).

• **UTILISATION :** L'ormeau est un coquillage très réputé pour son intérêt gastronomique, notamment en Bretagne. Il se consomme généralement frit, avec de l'ail ou de l'échalote ; sa chair est assez coriace et il faut la battre avant cuisson pour l'assouplir.

Face inférieur de l'ormeau

Ormeau de Méditerranée

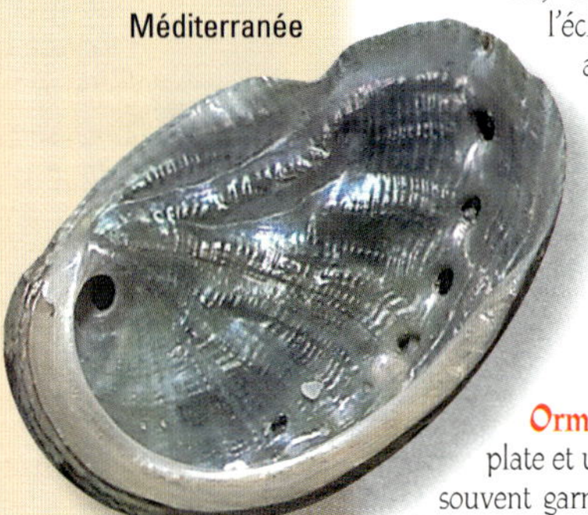

Ormeau de Méditerranée (*Haliotis lamellosa*). Sa coquille est un peu plus plate et un peu plus étroite que celle d'*Haliotis tuberculata* ; plus plissée, elle est souvent garnie de petites algues et de petits bryozoaires. 7 cm. Uniquement en Méditerranée.

Grain de café

N.L. : *Trivia monacha* **Fam. :** Triviidés
Syn. : Porcelaine puce

Il existe plusieurs espèces de grains de café sur nos côtes. Celle-ci est la plus courante.

• **DESCRIPTION :** Il y a trois taches noires (parfois quatre) caractéristiques de l'espèce sur la coquille. Cette dernière est solide et luisante, les côtes sont assez resserrées et sa taille ne dépasse pas 12 à 15 mm. Lorsque l'animal est vivant, le manteau de couleur vive recouvre souvent la plus grande partie de la coquille.

Grain de café

• **HABITAT :** Cette porcelaine vit dans la zone des marées, mais aussi plus bas, dans des zones rocheuses. On la rencontre sur toutes nos côtes, mais elle est plus commune sur le littoral atlantique. Les coquilles vides, appréciées des collectionneurs, se rencontrent souvent sur les plages, après les tempêtes.

• **BIOLOGIE :** Elle se nourrit d'ascidies, notamment *Botryllus schlosseri* et *Botrylloides leachi*. Elle creuse une logette dans certaines d'entre elles pour y déposer une centaine d'œufs.

Porcelaine d'Europe

Pucelage (*Trivia pulex*). Coquille finement striée, de couleur rose-brun, sans taches noires. Sur toutes nos côtes, commune en Méditerranée, elle est fréquente sur les plages après les coups de mer et les tempêtes. De 10 à 12 mm.

Porcelaine d'Europe (*Trivia arctica*) [= *T. europaea*]. Coquille de couleur crème, sans taches noires. C'est la plus grosse porcelaine puce de nos côtes (15 mm), mais la moins courante. Jusqu'à quelques dizaines de mètres de profondeur, parfois émergée lors des plus fortes marées basses.

UNE VRAIE PORCELAINE

La porcelaine souris (*Cypraea lurida*, famille des Cypréidés) est cousine avec les nombreuses porcelaines tropicales. Sa coquille (recouverte par le manteau chez l'animal vivant) est de couleur brique, avec deux bandes transversales plus claires, et deux taches noires à chaque extrémité ; elle atteint 5 cm. On la trouve uniquement en Méditerranée, à partir de la surface, où elle est assez rare, jusqu'à plus de 50 m de profondeur. Elle est bien connue des plongeurs, qui peuvent la découvrir sous les roches, où elle se nourrit de microalgues. Une espèce proche, *Cypraea pyrum*, est encore plus rare, sa coquille est rouge-brun, avec des marques plus foncées.

Porcelaine souris

Cypraea pyrum

Grande gibbule

N.L. : *Gibbula magus* **Fam.** : Trochidés
Syn. : Troque-mage

Les troques résistent bien à l'émersion et aux chocs des vagues. Cette espèce est l'une des plus grandes.

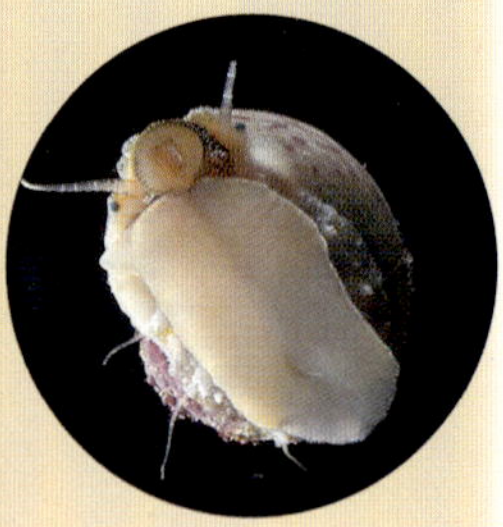

• **DESCRIPTION** : La couleur de la coquille varie du jaune au gris, avec des marques régulières brun-rouge. L'intérieur de la coquille étant très nacré, cette troque était parfois utilisée pour la fabrication de bijoux. Sa taille maximale est de 3 cm.

• **HABITAT** : La grande gibbule vit dans des zones rocheuses, depuis le niveau des marées et jusqu'à une vingtaine de mètres de profondeur. Elle est assez commune sur toutes nos côtes.

• **BIOLOGIE** : Elle se nourrit en râpant de minuscules végétaux sur les fucus ou sur des algues rouges. Les sexes sont séparés et la fécondation est externe. Les œufs donnent des larves planctoniques.

Gibbule cendrée

Gibbule cendrée (*Gibbula cineraria*). Couleur de base jaune grisâtre, avec de fines bandes brunes ou violettes. Dans la zone des marées, sous les roches et les algues (souvent des fucus), et jusqu'à plus de 50 m de profondeur. 15 mm. Absente en Méditerranée.

Gibbule pourpre, troque ombiliquée (*Gibbula umbilicalis*). La coquille est arrondie et aplatie. Sa couleur varie du jaune sale au vert-gris, avec quelques larges bandes brunâtres, parfois presque violettes. Dans les flaques supralittorales, et jusqu'à l'étage circalittoral (quelques dizaines de mètres de profondeur), parmi les fucus. De 15 à 20 mm. Absente en Méditerranée.

Gibbule pourpre

Les autres troques

Gibbule épaisse

Gibbule épaisse (*Monodonta lineata*). Coquille solide et épaisse, brun clair avec des stries brunes ou vertes. On la trouve dans la zone des marées, sur des rochers ou des algues brunes, parfois dans des cuvettes remplies d'eau à marée basse. De 20 à 30 mm. Manche, Atlantique.

Gibbule-toupie (*Monodonta turbinata*). Coquille plus large et moins haute que la gibbule épaisse, claire avec des taches foncées plus ou moins rectangulaires. Vit dans les zones rocheuses peu profondes, souvent hors de l'eau. De 20 à 25 mm. Uniquement en Méditerranée.

Gibbule-toupie

Troque-jujube (*Calliostoma zyzyphinum*). D'environ 3 cm, la coquille est très décorée, en forme de cône. Côtes rocheuses, de la zone des marées jusqu'à 15 m de profondeur. Sur toutes nos côtes.

Bigorneau commun

N.L. : *Littorina littorea*
Syn. : Vignot
Fam. : Littorinidés

L'on trouve quatre espèces de bigorneaux sur nos côtes, tous herbivores ; celui-ci est le plus grand (40 mm). Comestible, il est très apprécié et figure souvent sur les plateaux de fruits de mer.

• **DESCRIPTION :** Sa coquille est solide, de couleur sombre, presque noire, avec des stries fines. Les plus jeunes individus peuvent être confondus avec le bigorneau des rochers.

• **HABITAT :** Le bigorneau commun se rencontre de l'étage supralittoral jusqu'en haut de l'étage circalittoral et jusqu'à 40 m de profondeur. Il est en général très abondant, mais absent en Méditerranée. Il vit sur les rochers recouverts d'algues, dont il se nourrit (entéromorphes, fucus). Il survit longtemps hors de l'eau, mais en milieu humide (par exemple sous les algues). Très facile à récolter à marée basse.

• **BIOLOGIE :** Les sexes sont séparés et la fécondation est interne. Les œufs, groupés dans des capsules, donnent des larves planctoniques qui se transformeront en jeunes bigorneaux en quelques semaines.

• **UTILISATION :** Il se consomme froid, après cuisson dans un court-bouillon poivré. Sa chair est plus fine que celle des autres bigorneaux.

Bigorneau bleu ou noir (*Littorina neritoides*). Non illustré. C'est le plus petit des bigorneaux, avec une taille d'environ 1 cm. Couleur brune à bleu-noir avec des bandes plus claires. Sur les rochers ou dans les crevasses de la zone des marées. Résiste bien à l'émersion et aux eaux un peu dessalées. Sur toutes nos côtes.

Bigorneau obtus, bigorneau jaune (*Littorina obtusata*) [= *L. littoralis*]. De couleur très variable (verdâtre, brun, mais aussi jaune ou orange assez vif), la coquille est moins pointue que celle des autres bigorneaux. Vit à faible profondeur, sur des algues brunes (*Fucus, Ascophyllum*). 1,5 cm. Absent en Méditerranée.

Bigorneaux obtus

Bigorneau des rochers, bigorneau strié (*Littorina saxatilis*). Coquille avec de fines bandes sombres sur fond vert-jaune à brun-noir. Il vit très près de la surface, parfois hors de l'eau, surtout sur les algues des genres *fucus* et *pelvetia*. Sa reproduction est particulière : il est vivipare (les œufs restent dans le corps de la mère jusqu'à l'éclosion). De 15 à 18 mm. Absent en Méditerranée.

Bigorneau des rochers

Les herbivores

La plupart des gastéropodes sont herbivores et râpent les algues au moyen d'un petit organe qui sort de la bouche, appelé radula.

Cérithe réticulé (*Bittium reticulatum*). Coquille gris-brun, petites protubérances formant un quadrillage régulier. Commun à faible profondeur, de l'infralittoral au circalittoral, de temps en temps sur les feuilles de zostère. De 10 à 15 mm. Sur toutes nos côtes.

Phasianelle (*Tricolia pullus*) [= *Phasianella pullus*]. Coquille vivement colorée, mince et fragile. Sur les roches de la zone des marées, jusqu'à une dizaine de mètres de profondeur. 10 mm. Manche, Atlantique, Méditerranée.

Hydrobie (*Hydrobia ulvae*). Couleur variant du jaune au brun. Petite espèce caractéristique des zones vaseuses et des estuaires. De 5 à 6 mm. Manche, Atlantique, Méditerranée.

Astrée rugueuse (*Astrea rugosa*). Coquille massive et solide, rugueuse avec des protubérances alignées. Des plus basses mers jusqu'à 10 m de profondeur. De 5 à 6 cm. Uniquement en Méditerranée.

Filtreurs et fouisseurs

Certains gastéropodes sont détritivores, c'est-à-dire qu'ils rampent sur le sédiment ou bien filtrent l'eau, pour récolter de fines particules. Ils vivent généralement sur des sables plus ou moins fins.

Turritelle

Turritelle (*Turritella communis*). Coquille blanc-crème, rose ou marron. De la surface jusqu'à 10 m de profondeur, enfouie dans le sable ou dans la vase. La turritelle se nourrit en filtrant l'eau, pour capter de fins détritus en suspension. 5 cm. Sur toutes nos côtes, plus commune en Atlantique et en Méditerranée.

Pied de pélican (*Aporhais pespelicani*). Bordure de la coquille en forme de « doigts » palmés. Coloration claire, plus sombre si le sédiment est vaseux. Plus ou moins enfoncé dans les fonds sableux, à l'étage circalittoral. Se nourrit de fragments d'algues ou de petits détritus. De 4 à 5 cm. Sur toutes nos côtes.

Pied de pélican

Carnivores

Les gastéropodes carnivores se nourrissent d'animaux vivants ou de cadavres qu'ils détectent grâce à un odorat particulièrement développé.

Scalaire commun (*Epitonium clathrus*) [= *Clathrus clathrus*]. Sa coquille est caractéristique avec ses côtes en relief. Il vit dans le sable fin ou vaseux, à l'étage circalittoral, et se nourrit principalement de tuniciers et d'anémones. 3 cm. Sur toutes nos côtes.

Cône de Méditerranée (*Conus mediterraneus*) [= *Conus ventricosus*]. Il est le seul cousin européen d'une famille tropicale. Sa coquille, d'envion 3 cm, est lisse et brillante, avec des dessins très variables. Carnivore, le cône paralyse ses proies avec un organe venimeux, avant de les ingurgiter. On le trouve dans la zone des marées, parmi les algues et jusqu'à 10 m de profondeur. Méditerranée.

Cône de Méditerranée

Colombelle (*Colombella rustica*). Non illustrée. La coquille, décorée de zébrures marron, brunes, et violacées, comporte une ouverture longue, étroite et légèrement sinueuse. La colombelle détecte ses proies, en général des cadavres d'animaux, grâce à des organes olfactifs puissants. Elle vit en Méditerranée dans la zone des marées, et un peu plus bas, parmi les roches recouvertes d'algues. 25 mm.

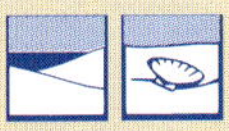

Natice commune

N.L. : *Polinices polianus [= Natica alderi]* **Fam. :** Naticidés

C'est l'une des plus jolies et des plus petites natices. Elle se rencontre sur toutes nos côtes.

Une natice commune poursuivie par une étoile à peignes *(Astropecten sp.)*

• **DESCRIPTION :** La coquille, lisse et brillante, est caractérisée par des marbrures rouge-brun sur un fond jaunâtre à brunâtre. Elle ne dépasse pas 2 cm.

• **HABITAT :** La plupart du temps, la natice s'enfouit dans les premiers centimètres de sable, dans des eaux peu profondes.

Natice commune

• **BIOLOGIE :** Les sexes sont séparés et la fécondation est interne. Lors de la ponte, les œufs sont agglomérés avec du sable grâce à du mucus. Ils forment alors un ruban caractéristique, enroulé en spirale. Les larves sont planctoniques, avant de se métamorphoser en jeunes natices.

Les autres natices

Contrairement à de nombreux gastéropodes, les natices sont carnivores. Elles vivent dans le sable et se nourrissent de bivalves. Les coquilles vides des différentes espèces sont souvent échouées sur les plages de sable.

Grande natice *(Polinices catenus) [= Natica catena]*. Non illustrée. Coquille grisâtre, beige ou brunâtre, avec de petites taches plus foncées. De la surface jusqu'à environ 40 ou 50 m de profondeur. 4 cm. Sur toutes nos côtes.

Natice tachetée *(Polinices millepunctata) [= Natica millepunctata]*. Non illustrée. Nombreuses petites taches brun-rouge sur la coquille. De 5 à 6 cm. Jusqu'à 50 m de profondeur, uniquement en Méditerranée.

Les nasses

Les nasses (famille des Nassaridés) peuvent légèrement s'enfouir dans le sédiment, où elles se nourrissent de cadavres qu'elles détectent grâce à leur sens olfactif développé. Elles se déplacent rapidement.

Nasse réticulée

Nasse réticulée *(Hinia reticulata) [= Nassarius reticulatus].* Sa couleur est très variable mais la coquille est toujours quadrillée par de petits reliefs. Vit sur le sable fin ou vaseux, parfois sous les pierres et jusqu'à 10 m de profondeur. De 25 à 30 mm. Sur toutes nos côtes.

Nasse à lèvres épaisses

Nasse à lèvres épaisses *(Hinia incrassata) [= Nassarius incrassatus].* Les bords de l'ouverture sont moins dentelés que ceux de la nasse réticulée. De couleur variable, la coquille abrite de petits pagures lorsque le gastéropode est mort. De 15 à 18 mm. Sur toutes nos côtes.

Rocher massue

N.L. : *Phyllonotus trunculus [= Murex trunculus]* **Fam.** : Muricidés
Syn. : Murex

Dans l'Antiquité, le rocher massue et le rocher épineux étaient exploités pour l'extraction de la pourpre, colorant textile fort réputé.

• **DESCRIPTION** : La coquille porte de petites protubérances plus ou moins marquées, elle est de couleur grise et atteint 8 cm. Vide, elle héberge souvent des pagures.

• **HABITAT** : Cette espèce vit au niveau circalittoral, sur des fonds sableux ou vaseux. On la trouve uniquement en Méditerranée.

• **BIOLOGIE** : C'est un carnivore qui injecte un liquide paralysant dans le corps de ses proies (d'autres gastéropodes, des bivalves) avant de les dévorer. Il se nourrit également de cadavres. Les sexes sont séparés et les larves vivent en pleine eau.

• **UTILISATION** : Comestible, il est très apprécié sur les côtes méditerranéennes, où il est consommé cuit et froid, avec de l'aïoli.

Rocher épineux

Rocher épineux *(Bolinus brandaris) [= Murex brandaris].* La coquille est garnie d'épines plus ou moins nombreuses, longues et pointues. Zones rocheuses ou de sable fin, jusqu'à plus de 50 m de profondeur. De 8 à 9 cm. Uniquement en Méditerranée. Comestible et apprécié.

Les bigorneaux perceurs

Perçant les bivalves au moyen d'une trompe, ces gastéropodes peuvent occasionner des dégâts considérables dans les élevages de mollusques.

Bigorneau perceur

Pourpre petite-pierre

Bigorneau perceur, cormaillot *(Ocenebra erinacea)*. Coquille décorée de bandes en relief, bord externe de l'ouverture grossièrement dentelé. Zones rocheuses de l'infralittoral et du circalittoral. 5 cm. Sur toutes nos côtes.

Pourpre petite-pierre *(Nucella lapillus) [= Thais lapillus]*. Coquille solide et épaisse, blanc sale à brun foncé, avec parfois des bandes plus sombres. Dans les rochers de la zone des marées, jusqu'à 40 m de profondeur. 5 cm. Très rare ou absent en Méditerranée.

Buccin ondé

N.L. : *Buccinum undatum* **Fam.** : Buccinidés

Le buccin, ou bulot, est comestible. Sa chair peut également servir d'appât de pêche.

• **Description :** La coquille, qui peut dépasser 10 cm, est solide et finement striée ; elle sert parfois de logement à des pagures, après la mort de l'animal. Le pied, tacheté de noir, ne s'y rétracte jamais complètement, même si l'animal est hors de l'eau.

Buccin ondé

• **Habitat :** On le rencontre dans la mer du Nord, la Manche et l'Atlantique. Il est localement très commun. Il vit sur le sable plus ou moins vaseux, à partir de la limite des plus basses mers jusqu'à une centaine de mètres de profondeur ; il est donc rarement visible à marée basse.

• **Biologie :** Le buccin est un carnivore qui se nourrit de cadavres de poissons, mais aussi de vers, de crabes et de bivalves. Les œufs sont pondus dans des capsules jaunâtres, parfois échouées sur les plages.

• **Utilisation :** Les petits individus sont les plus tendres. Le buccin se consomme froid, après cuisson au court-bouillon, souvent avec de l'aïoli. Il est particulièrement apprécié en Normandie, où il s'en pêche plusieurs milliers de tonnes par an.

Fuseau

Fuseau *(Fusus rostratus)*. Coquille particulièrement allongée, couleur brun clair, avec 12 à 13 côtes. Carnivore, il se nourrit de petits bivalves. Il vit dans la zone côtière supérieure. 8 cm. Atlantique et Méditerranée.

Crépidule

N.L. : *Crepidula fornicata* **Fam. :** Calyptréidés

La crépidule a été introduite en Europe il y a plus d'un siècle, avec des huîtres en provenance de la côte ouest des États-Unis ; depuis, elle s'y est largement répandue.

• **Description :** Sa coquille est ovale et mesure jusqu'à 5 cm. À l'intérieur, il y a une petite cloison qui maintient une partie du corps.

• **Habitat :** On la rencontre jusqu'à 50 m de profondeur, collée sur différents supports, y compris sur d'autres mollusques. Elle est présente sur toutes nos côtes.

• **Biologie :** Plusieurs individus s'empilent les uns sur les autres. Les plus grands, en dessous, sont des femelles ; elles sont fécondées par les mâles situés plus haut. La crépidule filtre le phytoplancton ; pour cette raison, elle est considérée comme gênante en conchyliculture.

• **Utilisation :** Sa chair est comestible et a fait l'objet d'essais culinaires satisfaisants.

Les chapeaux

Chapeau hongrois (*Capulus hungaricus*). Gastéropode assez rare qui se fixe sur les roches ou sur d'autres mollusques, le chapeau hongrois vit dans la zone côtière supérieure, jusqu'à quelques dizaines de mètres de profondeur. L'intérieur de la coquille est blanc nacré. 4 cm. Sur toutes nos côtes.

Chapeau chinois (*Calyptraea chinensis*). Il ressemble à une patelle, mais s'en distingue par une petite cloison à l'intérieur de sa mince coquille. Il vit à partir des plus basses mers, dans des zones plus ou moins vaseuses. Il ne râpe pas les algues, mais se nourrit en filtrant du phytoplancton. 20 mm de long pour 5 mm de haut. Sur toutes nos côtes.

Chapeau chinois

Aplysie

N.L. : *Aplysia punctata*
Syn. : Lièvre de mer

Fam. : Aplysiidés

Parmi les gastéropodes sans coquille extérieure, l'aplysie est l'une des plus grosses espèces. Inquiétée ou dérangée, elle émet un nuage d'encre violette qui surprend ses ennemis.

• **DESCRIPTION** : Son corps épais s'amincit vers l'avant. Les replis latéraux servent de nageoires. La tête porte une paire de tentacules buccaux et une paire de rhinophores (organes olfactifs) plus petits. Sa couleur est variable : rouge-brun, violet ou presque noir, avec des petites taches plus claires. 20 cm.

• **HABITAT** : Elle vit dans les zones côtières, parmi les rochers recouverts d'algues, de temps en temps dans les ports. Elle est parfois échouée, mais vivante, à marée basse. On la rencontre sur toutes nos côtes.

• **BIOLOGIE** : Elle nage plus ou moins facilement en pleine eau, sur de courtes distances, mais préfère ramper à la recherche d'algues (principalement rouges), dont elle se nourrit. Les aplysies sont hermaphrodites et se regroupent pour la reproduction.

Aplysie

Aplysie brune

Aplysie brune (*Aplysia depilans*). Couleur brun à vert, avec des points plus clairs. Bords du manteau soudés sur l'arrière du corps. Elle fréquente les mêmes zones que sa cousine *Aplysia punctata*.

LES COUSINS À COQUILLE

Quelques mollusques qui ressemblent à des gastéropodes à coquille sont en fait plus proches des nudibranches.

◄ **Actéon enroulé** (*Acteon tornatilis*). Coquille brun clair, avec des bandes transversales. Zone infralittorale, sur le sable. Carnivore qui se nourrit principalement de vers. 2,5 cm. Sur toutes nos côtes.

Verte comme un végétal

L'élysie verte *(Elysia viridis)* se nourrit principalement de l'algue verte *Codium tomentosum*, dont elle absorbe le contenu des cellules, y compris la chlorophylle, pigment vert qui va donc lui donner sa couleur. Elle se camoufle dans les herbiers, dans la zone des marées et un peu plus bas. De 2 à 3 cm. Manche, Atlantique, Méditerranée.

Mangeurs d'éponges

Certains nudibranches sont caractérisés par leurs branchies qui encerclent l'anus. Ils se nourrissent généralement d'éponges. Il en existe de nombreuses espèces, certaines d'assez grande taille et d'autres minuscules.

Limace de mer tuberculée

Limace de mer tachetée

Doris mauve

Doris cantabrique

Limace de mer tuberculée *(Doris tuberculata)*. Corps garni de petites protubérances. Sous les roches, dans l'infralittoral. 7 cm. Absente en Méditerranée.

Limace de mer tachetée *(Peltodoris atromaculata)* [= *Discodoris atromaculata*]. Taches brunes presque rondes, bordées de noir sur un fond blanc. Commune dans les rochers jusqu'à 30 m de profondeur. 7 cm. Normalement uniquement méditerranéenne, mais rencontrée dans le Pays basque.

Doris mauve *(Chromodoris luteorosa)* [= *Glossodoris luteorosa*]. Mauve avec des taches claires. Dans les zones rocheuses proches de la surface. 5 cm. Méditerranée.

Doris cantabrique *(Hypselodoris cantabrica)*. Coloration bleu foncé avec des marques jaunes, pourtour du corps également jaune. 8 cm, parfois plus. Atlantique, commune au sud du golfe de Gascogne, plus rare en Méditerranée.

► **Scaphandre** *(Scaphander lignarius)*. L'ouverture de la coquille est très large mais l'animal ne peut pas complètement s'y réfugier. Coloration marron, avec de fines lignes blanches. Carnivore qui se nourrit de vers ou de petits bivalves, sur les sables vaseux du circalittoral. 4 cm. Sur toutes nos côtes.

Limace de mer grise

N.L. : *Aeolidia papillosa* **Fam. :** Aéolidiidés

Commune en Bretagne et sur toute la côte atlantique, c'est la plus grande limace de la famille des Aéolidiidés.

• **DESCRIPTION :** Chaque côté du corps, fin et allongé, est recouvert de 25 séries de papilles allongées, aux extrémités blanches. La couleur varie du brun au gris-rose et la tête ainsi que la zone entre les papilles sont tachetées de blanc. Sa taille dépasse 10 cm.

• **HABITAT :** La limace grise est présente dans les rochers de la zone des marées, jusqu'à environ 50 m de profondeur ; elle est localement abondante. Elle préfère les eaux froides et est absente en Méditerranée.

• **BIOLOGIE :** Elle vit en général sur des anémones (*Actinia, Anemonia, Metridium*) qu'elle repère grâce à son odorat et dont elle se nourrit. Elle se reproduit au printemps et les œufs, oblongs, forment un amas compact caractéristique.

ELLES SE SERVENT DE LEURS ALIMENTS POUR SE DÉFENDRE

Les limaces qui se nourrissent d'anémones ou d'hydraires s'enveloppent d'une épaisse couche de mucus pour être insensibles à leur venin. Ces nudibranches font même mieux : les capsules urticantes de leurs proies ne sont pas digérées, elles sont stockées dans des diverticules digestifs à l'intérieur des appendices dorsaux (les papilles). Cela constitue ainsi une défense contre les prédateurs qui mordent ces papilles, par exemple des poissons : ils les recrachent et s'éloignent des limaces.

Coryphelle mauve

Coryphelle mauve (*Coryphella pedata*). Peut être confondue avec *Flabellina affinis*, mais s'en distingue par l'extrémité des tentacules et des appendices dorsaux, qui sont blancs. Elle vit en eau peu profonde, dans l'infralittoral, et se nourrit d'hydraires du genre *Eudendrium*. 5 cm, plus petite en Méditerranée. Sur toutes nos côtes.

Flabelline mauve

Flabelline mauve (*Flabellina affinis*). Courante entre 5 et 20 m de profondeur, sur les hydraires, dont elle se nourrit (également le genre *Eudendrium*), mais aussi dans les zones rocheuses ombragées, garnies d'algues. 5 cm. Uniquement en Méditerranée, assez commune.

Grande facéline

Grande facéline (*Facelina coronata*). Ses rhinophores (organes de l'odorat, deuxième paire d'appendices sur la tête) sont épais et annelés. Dans l'infralittoral, jusqu'à 30 m de profondeur. S'alimente surtout avec des hydraires, particulièrement les genres *Obelia* et *Tubularia*. 3,5 cm. Sur toutes nos côtes.

Godive orange

Godive orange (*Godiva banyulensis*) [= *Dondice banyulensis*]. Agressée, elle dresse ses papilles verticalement. 7 cm. Méditerranée, entre 10 et 30 m de profondeur.

Les bivalves

Les bivalves n'ont pas de tête, et possèdent des branchies qui leur servent à respirer, mais aussi à se nourrir en filtrant le phytoplancton (ils leur doivent leur deuxième nom, les lamellibranches). Leur coquille est formée de deux valves qui s'emboîtent grâce à des dents et qui sont reliées par un ligament. Les espèces les plus connues sont certainement les huîtres et les moules, mais beaucoup d'autres sont également

Grande nacre

N.L. : *Pinna nobilis [= P. squamosa]* **Fam.** : Pinnidés
Syn. : Jambonneau

La grande nacre est un des plus grands bivalves du monde, après les célèbres bénitiers des tropiques. On raconte que certaines atteignaient une longueur de 1 m, et pouvaient vivre trente ans.

Jeune individu (5 cm).

La protection de la grande nacre

La grande nacre se raréfie considérablement sur nos côtes. On peut évoquer plusieurs raisons : sa collecte comme souvenir par des plongeurs, la régression des herbiers de posidonies ainsi que la pollution. Sa récolte est interdite depuis 1992, et elle est réimplantée dans le parc national de Port-Cros (Var) et dans la réserve de Scandola (Corse).

• **Description** : La coquille triangulaire est rugueuse, surtout dans sa partie supérieure, et particulièrement chez les nacres âgées. Sa taille est souvent comprise entre 70 et 80 cm.

• **Habitat** : La grande nacre se rencontre uniquement en Méditerranée, dans les sables vaseux et grossiers, mais aussi dans les prairies de posidonies, et ce jusqu'à 30 m de fond, parfois plus. Elle devient très rare à faible profondeur.

• **Biologie** : Elle vit plantée dans le sédiment, sur le tiers ou la moitié de sa longueur et se nourrit en filtrant du phytoplancton. Elle héberge parfois un petit crabe du genre *Pinnotheres* ou des crevettes qui s'alimentent des divers débris qui obstruent ses branchies.

Nacre lisse

Nacre lisse *(Pinna pectinata)*. Coquille lisse, parfois abîmée à l'extrémité supérieure. Vers 30 m de profondeur, et un peu au-delà. Sur toutes nos côtes.

Nacre épineuse *(Pinna rudis)*. Épines protubérantes sur sa coquille. On la trouve uniquement en Méditerranée.

Nacre épineuse

Moule commune

N.L. : *Mytilus edulis* **Fam. :** Mytilidés
Syn. : Moule de l'Atlantique, moule de bouchot

Les moules sont certainement les coquillages comestibles les plus populaires en France, mais on ignore souvent qu'il en existe deux espèces.

• **DESCRIPTION :** La coquille est généralement bleu-noir et porte de fines stries de croissance ; le bord du manteau est brun-jaune. Sa taille peut aller jusqu'à 8 cm, mais elle est commercialisée plus petite.

• **HABITAT :** Elle est commune de la zone des marées jusqu'à une dizaine de mètres de profondeur, parfois plus, mais pas en Méditerranée. On la rencontre également dans les estuaires et dans les ports. Les moules forment parfois des groupes très denses, appelés moulières.

• **BIOLOGIE :** La moule s'accroche par son byssus sur différents supports : roches, pierres, bois, fer, et même entre elles ; mais elles peuvent se détacher et se déplacer sur de courtes distances. Le byssus est constitué de filaments se terminant par un petit disque adhésif ; il peut se régénérer s'il est arraché. La moule se nourrit en filtrant le phytoplancton et sa croissance est rapide.

Moules communes

LA MOULE DE MÉDITERRANÉE

En plus de la Méditerranée, elle cohabite en Atlantique avec la moule commune, notamment à Arcachon et en Bretagne du nord ; elle peut même s'hybrider avec elle. Elle s'en distingue par la forme de sa coquille, plus large, et par le bord violacé du manteau. Sa taille est également plus grande que celle de sa cousine (jusqu'à 12 cm). Elle se consomme crue ou cuite.

Huître creuse

N.L. : *Crassostrea gigas* **Fam. :** Ostréidés
Syn. : Huître japonaise

Son goût particulier et très apprécié fait que l'on mange plus d'huîtres creuses que n'importe quelle espèce de poisson. Elle est traditionnellement consommée crue, mais on peut également la faire cuire.

• **DESCRIPTION :** La valve supérieure est plate, l'inférieure creuse. La forme générale est parfois globuleuse, souvent grossièrement triangulaire, plus rarement longue et fine. La taille est très variable : de 6 à 10 cm pour les huîtres élevées, plus pour les individus sauvages.

• **HABITAT :** Elle vit dans la zone des marées, parfois dans des eaux dessalées. La plupart du temps, elle est fixée sur un support qui peut varier : roche, piliers de jetée, quais. Elle est commune sur toutes nos côtes.

• **BIOLOGIE :** Elle est hermaphrodite, mâle la première année, elle change de sexe tous les ans. La reproduction a lieu l'été, uniquement dans certaines régions (bassin d'Arcachon, Marennes-Oléron), à cause des caractéristiques de l'eau. Les larves planctoniques vont se métamorphoser et se fixer sur différents supports grâce à leur « pied », qui sécrète un liquide se solidifiant au contact de l'eau.

L'HUÎTRE CREUSE : UNE ÉTRANGÈRE PORTUGAISE

Au milieu du XIXe siècle, l'huître plate ne suffisant plus à la consommation, on a importé une huître du Portugal, évidemment baptisée huître portugaise *(Crassostrea angulata)*. Lors d'une tempête, en 1868, un bateau chargé de son transport se réfugia dans l'estuaire de la Gironde mais dut rejeter sa cargaison à la mer, les huîtres n'étant plus consommables. Certaines ont survécu et se sont reproduites. L'huître portugaise a ensuite été élevée dans diverses régions, mais vers la fin des années 60, elle fut atteinte de diverses maladies et a pour ainsi dire disparu. On pense qu'une faible population a pu subsister en Gironde. Une espèce proche, celle qui est actuellement élevée, a été importée du Japon pour la remplacer.

Huître plate

N.L. : *Ostrea edulis* **Fam. :** Ostréidés

L'huître plate est commercialisée sous le nom de belon (si elle provient de la rivière du même nom, en Bretagne du sud) ou de gravette (bassin d'Arcachon).

• **DESCRIPTION :** La coquille est presque ronde et la valve supérieure présente une structure feuilletée. Sa taille varie entre 6 et 8 cm, plus pour les huîtres sauvages.

• **HABITAT :** On la rencontre sur toutes nos côtes, de la zone des marées jusqu'à 25 ou 30 m de profondeur. Elle vit fixée par sa valve inférieure sur un substrat dur, mais peut aussi se rencontrer détachée de son support et libre sur le sol. Jusqu'au milieu du XIXe siècle, c'était la seule huître indigène. À noter qu'elle préfère des eaux plus salées que l'huître creuse.

• **BIOLOGIE :** L'huître plate est hermaphrodite et peut changer de sexe plusieurs fois au cours de l'été, qui est la saison de ponte. Les spermatozoïdes émis dans l'eau par les mâles sont filtrés par les femelles : la fécondation est donc interne. Des larves se développent et sont expulsées au bout de 8 à 10 jours. Elles évoluent ensuite de la même manière que celles des huîtres creuses.

• **UTILISATION :** Sa chair fine, avec parfois un goût de noisette, se consomme crue. Les pieds-de-cheval, grands individus sauvages, sont moins appréciés.

Anomie

Anomie, pelure d'oignon, pétale de rose (*Anomia ephippium*). Elle est parfois confondue avec une petite huître plate. Sa valve inférieure épouse la forme du support sur lequel elle vit (roche, parfois d'autres coquillages) et la valve supérieure est plus bombée que celle d'une huître plate. 7 cm. Elle se trouve sur toutes nos côtes, dans la zone des marées.

Grossissement d'huîtres en surélévation.

L'ostréiculture

L'élevage des huîtres a débuté au milieu du XIXe siècle, grâce à Napoléon III qui a favorisé la création des premiers parcs d'élevage d'huîtres plates.

• Le captage du naissain

L'obtention des jeunes huîtres se fait en milieu naturel. On utilise différents supports selon les régions et les traditions : tuiles, ardoises, coquilles d'huîtres ou coquilles Saint-Jacques, matériaux plastiques… Ces capteurs sont immergés au début de l'été, peu avant la fixation des huîtres. Ils restent un certain temps dans l'eau (en général jusqu'au printemps suivant), puis les huîtres sont détachées manuellement ou mécaniquement (c'est le détroquage). Le naissain peut également être produit dans des laboratoires spécialisés, que l'on appelle écloseries, et peut alors être directement transféré dans les structures de grossissement.

Tri des pochons d'huîtres sur un parc.

• Le grossissement

Les techniques varient suivant les régions et le profil de la côte. On distingue :

– l'élevage à plat, qui est le plus ancien, où les huîtres sont semées sur le sol. Cette technique tend à disparaître, remplacée par la suivante ;

– l'élevage en surélévation : les huîtres sont placées dans des pochons (des rectangles grillagés en plastique) posés sur des supports métalliques. C'est la méthode la plus employée en France ;

– l'élevage en suspension, qui est particulier à certains étangs salés de la Méditerranée en raison de l'absence de marées. Les huîtres sont collées avec une sorte de ciment sur des cordes suspendues à des structures fixes ;

– l'élevage en eau profonde (zones jamais

découvertes par les marées, en Bretagne), où on sème les huîtres à partir d'un bateau et que l'on récolte par dragage.
Selon les régions et les techniques, il faut de deux à quatre ans pour produire une huître de taille moyenne.

Plaisanciers et ostréiculteurs occupent souvent les mêmes zones.

• Le verdissement et l'affinage
Dans des bassins en terre alimentés par la marée, les claires, se développe parfois une algue planctonique, la navicule, qui libère un pigment dans l'eau. Celui-ci est absorbé par les huîtres, qui prennent une belle couleur verte appréciée des consommateurs.
Le verdissement se produit principalement en automne, dans la région de Marennes-Oléron.
Toujours dans ces claires, les huîtres peuvent s'affiner, c'est-à-dire augmenter leur poids de chair. Elles stockent des glucides, ce qui leur donne un goût caractéristique réputé. On distingue les « fines de claires » et les « spéciales de claires », plus charnues, qui ont passé plus de temps dans ces bassins. D'autres régions peuvent produire des fines ou des spéciales, mais celles-ci ne sont pas affinées en claires.

La mytiliculture

Elle semble dater du milieu du XIIIe siècle. Actuellement, environ 60 000 tonnes des deux espèces de moules de nos côtes sont produites chaque année.

• Le captage du naissain
En Atlantique, les très jeunes moules (également appelées « graines ») se fixent par leur byssus sur des cordes tendues entre des pieux de bois (les bouchots). En Méditerranée, elles sont récoltées sur des rochers ou captées en pleine mer sur des cordes suspendues à un filin porteur soutenu par des bouées (l'ensemble s'appelle une filière).

Larve de moule âgée de 15 jours.

• Le grossissement
En Atlantique, les cordes garnies de naissain sont enroulées sur d'autres bouchots, qui forment des alignements parallèles. Protégées par un filet qui les empêche de se détacher, les moules s'y développent et garnissent entièrement le pieu. Elles sont ensuite récoltées manuellement ou avec des machines.
En Méditerranée, le naissain recueilli va être placé autour d'une corde suspendue, maintenu par des filets tubulaires ; les moules sont alors élevées dans les mêmes zones que les huîtres. Sur les filières en pleine mer, on laisse grossir le naissain capté.
Dans de rares endroits, subsiste encore une technique d'élevage à plat où les moules grossissent sur le sol, attachées les unes aux autres.
Il faut de un à deux ans pour produire des moules de taille moyenne, environ 4 cm.

Les autres élevages de mollusques

Dans les trente dernières années se sont développés d'autres élevages de mollusques. La palourde japonaise est élevée dans des parcs, sur la zone des marées, ou dans des claires. La production française est peu importante.
Des juvéniles de coquilles Saint-Jacques sont produits en écloserie et sont destinés à être semés dans certaines zones, pour reconstituer les stocks naturels, qui seront ensuite exploités par pêche.

Coquille Saint-Jacques de l'Atlantique

N.L. : *Pecten maximus* **Fam. :** Pectinidés

La coquille Saint-Jacques fait l'objet d'une pêche très réglementée. Des opérations de repeuplement, à partir de juvéniles élevés en écloserie, ont permis de maintenir le niveau des stocks naturels.

Coquille Saint-Jacques de l'Atlantique

• **DESCRIPTION :** La partie supérieure de la coquille est plate et porte 14 côtes dont le profil est arrondi ; la valve inférieure est creuse. Les deux oreilles (expansions de la coquille, de part et d'autre de la charnière) sont symétriques. Le manteau est bordé d'organes sensibles à la lumière. 13 cm, rarement plus.

• **HABITAT :** Elle vit à l'étage circalittoral, jusqu'à 100 m de profondeur, sur des sables fins ou grossiers dans lesquels elle peut légèrement s'enfouir. Elle peut se déplacer par petits bonds, en refermant brusquement sa coquille, l'expulsion de l'eau provoquant un mouvement de réaction. Elle échappe ainsi à son plus redoutable ennemi : l'étoile de mer. Absente en Méditerranée.

• **BIOLOGIE :** La coquille Saint-Jacques est hermaphrodite. La reproduction a lieu en été, au cours duquel plusieurs millions d'œufs donneront des larves planctoniques. Celles-ci se métamorphosent ensuite vers une taille de 0,25 mm, prennent la forme des adultes, et tombent sur le fond. Elles s'y fixent grâce à un byssus, comme les moules. À la taille de 2 cm, les jeunes coquilles vivent libres et peuvent se déplacer comme les adultes.

• **UTILISATION :** La gonade (moitié orange, moitié blanche), que l'on appelle corail, ainsi que le muscle qui ferme la coquille (la noix) sont consommés. Les coquilles Saint-Jacques congelées ou en conserve sont des espèces étrangères.

Coquille Saint-Jacques de Méditerranée, peigne de Jacob (*Pecten jacobeus*). Elle se distingue de sa cousine par ses côtes aplaties et anguleuses. Il semble que c'est cette coquille qui ait été l'emblème des pèlerins se rendant à Saint-Jacques-de-Compostelle ; elle était leur signe de reconnaissance, mais leur servait également pour boire et quêter. 10 cm, rarement plus. Méditerranée.

Coquille Saint-Jacques de Méditerranée

UN BIVALVE DANS UN NID

Lime (*Lima hians*). Coquille allongée et manteau bordé de tentacules rouge orangé. La lime construit un nid sous les pierres en accumulant des débris de coquille et du sable. Elle se déplace par bonds, en claquant des valves. 2,5 cm. Sur toutes nos côtes, jusqu'à 20 m de profondeur.

Pétoncle blanc

N.L. : *Aequipecten opercularis [= Chlamys opercularis]* **Fam.** : Pectinidés
Syn. : Vanneau

Les pétoncles se distinguent des coquilles Saint-Jacques par leurs deux valves bombées et leurs oreilles dissymétriques.

• **DESCRIPTION** : La coquille du pétoncle blanc est presque circulaire et de couleur blanc sale, crème ou brun rougeâtre. Elle porte 18 à 20 côtes et peut atteindre 6 à 7 cm, parfois plus.

• **HABITAT** : Il vit sur toutes nos côtes, sur les sables fins ou grossiers de l'infralittoral, jusqu'à plus de 100 m de profondeur. Il n'est pas fixé et ne s'enfouit pas.

• **BIOLOGIE** : Il peut se déplacer par petits bonds sur de courtes distances pour échapper à un prédateur. Le pétoncle blanc est d'abord mâle, puis femelle. Les petites larves vont se fixer par un byssus, puis se détachent pour vivre sur le sédiment.

• **UTILISATION** : Comestible, sa chair est parfois plus appréciée que celle de la coquille Saint-Jacques, mais elle peut vite se dégrader lorsque le pétoncle est hors de l'eau.

Les autres pétoncles

Il existe plusieurs autres espèces de pétoncles sur nos côtes que la forme des oreilles et le nombre de côtes permet d'identifier.

Pétoncle noir (*Chlamys varia*). Sa coquille est plus longue que large, de couleur sombre, avec plus de 25 côtes rugueuses vers le bord opposé à la charnière. Il vit de la zone côtière à environ 80 m, sur des fonds sableux. Attaché par son byssus à différents supports, il peut néanmoins se déplacer et se poser sur le sol. Comestible, le pétoncle noir est très apprécié, parfois plus que son cousin blanc. 6 cm. Sur toutes nos côtes.

Un pétoncle noir… orange vif !

Pétoncle tigré (*Chlamys tigerina*) [= *Palliolum tigerinum*]. Non illustrée. Fines côtes assez peu marquées et forte dissymétrie des oreilles. On le trouve au niveau des plus basses mers, sur des sables grossiers et des graviers auxquels il n'est pas fixé. 2,5 cm. Sur toutes nos côtes.

Palourde européenne

N.L. : *Ruditapes decussatus* **Fam.** : Vénéridés
Syn. : Palourde croisée

C'est la plus connue des palourdes, qui fait le régal des pêcheurs à pied.

• **DESCRIPTION** : Coloration crème ou blanc grisâtre, plus foncée en milieu vaseux. Les fines stries croisées sur sa coquille permettent de la distinguer des autres palourdes. 8 cm.

• **HABITAT** : Elle vit sur toutes nos côtes. Elle s'enfouit à une dizaine de centimètres, dans les sables assez fins de la zone des marées, jusqu'à 10 m de profondeur.

• **BIOLOGIE** : Elle respire et filtre le phytoplancton en pompant l'eau par un syphon et en la rejetant par le syphon adjacent.

• **UTILISATION** : Toutes les palourdes se consomment en général cuites, en sauce ou farcies pour les plus grandes ; la palourde européenne ainsi que la palourde japonaise et la clovisse sont les plus réputées.

Les autres palourdes

Palourde japonaise

Palourde japonaise (*Ruditapes philippinarum*) [= *Venerupis philippinarum*]. Couleurs plus vives que la palourde européenne. Importée au début des années soixante-dix pour être élevée sur nos côtes, implantée localement en Manche et en Atlantique. 8 cm.

Clovisse, palourde dorée (*Venerupis aurea*). Sa coquille est plus triangulaire que celle des autres palourdes. Elle s'enfouit peu profondément dans les sables fins. 5 cm. Sur toutes nos côtes.

Clovisse

Palourde rose (*Venerupis rhomboides*) [= *Tapes rhomboïdes*]. L'extérieur de la coquille est beige rosé, avec de fines stries uniquement concentriques ; l'intérieur est rose. La palourde rose vit jusqu'à plus de 100 m de profondeur, dans des sables grossiers ou des graviers. 7 cm. Sur toutes nos côtes.

Palourde rose

Palourde bleue, poulette (*Venerupis pullastra*) [= *Tapes pullastra*]. Coquille assez allongée dont le bord opposé à la charnière est presque rectiligne. 5 cm. Sur toutes nos côtes.

Palourde bleue

Les autres vénéridés

Vénus à bandes

Vénus à bandes, vénus striée (*Venus striatula*). La coquille porte des zones brunes et rayonnantes sur fond plus clair. On la trouve dans les sédiments assez grossiers, jusqu'à 50 m de profondeur. Comestible, mais peu consommée. 4 cm. Sur toutes nos côtes.

Vénus fasciée (*Venus fasciata*). Bandes sombres qui débutent à la charnière, sur fond plus clair crème ou rose, avec une quinzaine de lignes en relief et parallèles au bord de la coquille. Les sables grossiers et les graviers du circalittoral constituent son habitat jusqu'à 100 m de profondeur. 25 mm. Sur toutes nos côtes.

Artémis rayée, dosine (*Dosinia exoleta*). La coquille est presque ronde, avec de fines stries resserrées, parallèles à sa bordure. Vit dans les sables grossiers de la zone des marées, jusqu'à 100 m de profondeur. Comestible, mais peu appréciée. 6 cm. Sur toutes nos côtes.

Cythère fauve (*Callista chione*). Coquille lisse, épaisse et brillante, avec des bandes marron croisées sur fond plus clair. On la trouve dans les sables du circalittoral. De 8 à 9 cm. Sur toutes nos côtes.

Artémis rayée

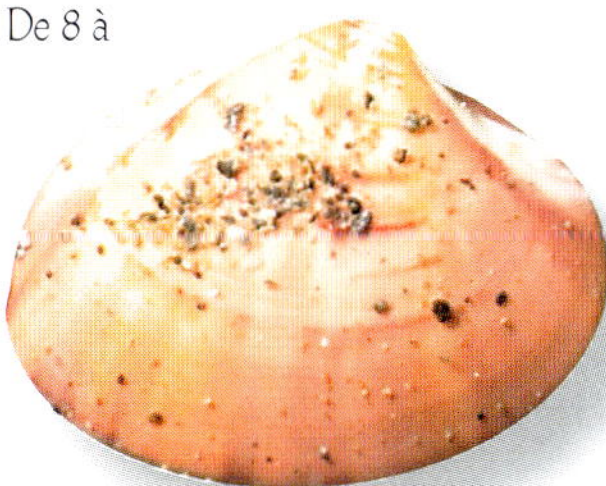

Cythère fauve

Vénus fasciée

LE CLAM IMPORTÉ

Le clam *(Mercenaria mercenaria)* a une coquille épaisse et très solide, avec des arêtes concentriques. Il vit dans les sables fins et vaseux (milieu dans lequel sa coquille prend une couleur plus foncée), jusqu'à 20 m de profondeur. Il fréquente également les baies et les estuaires. Il se consomme cru, ou cuit au four. Originaire d'Amérique, il a été introduit en Europe au XIXe siècle. 12 cm. Absent en Méditerranée.

Coque commune

N.L. : *Cerastoderma edule [= Cardium edule]* **Fam.** : Cardiidés
Syn. : Bucarde, sourdon, rigadot

Si elle se plaît dans son habitat, sa densité peut parfois dépasser plusieurs centaines d'individus par mètre carré !

• **DESCRIPTION :** La coque commune possède de fortes côtes, mais sans épines ni protubérances. Sa taille atteint 6 cm.

• **HABITAT :** Elle vit dans la zone des marées, dans différents sédiments parfois vaseux. On la trouve en effet dans les estuaires et les baies, où elle supporte les eaux dessalées. Absente en Méditerranée, elle y est remplacée par la coque glauque (*Cerastoderma glaucum*), de forme plus triangulaire.

Coque commune

• **BIOLOGIE :** Les conditions du milieu (l'eau, le niveau des marées, l'évolution des sédiments) entraînent des variations dans les bancs de coques qui peuvent parfois totalement disparaître. En fait, ces bivalves s'établissent alors dans d'autres zones plus favorables.

• **UTILISATION :** Toutes deux sont comestibles, mais parfois considérées comme des coquillages « de pauvre ». Il faut les faire dégorger pendant une heure dans de l'eau salée pour qu'elles éliminent les particules de sable ou de vase.

Coque épineuse (*Acanthocardia aculeata*) [= *Cardium aculeatum*]. Non illustrée. Côtes saillantes, avec des épines pointues plus longues vers le bord externe de la coquille. À partir de 10 m de profondeur. De 8 à 10 cm. Sur toutes nos côtes.

Coque tuberculée (*Acanthocardia tuberculata*) [= *Cardium tuberculatum*]. Ses épines sont plus petites que celles de la coque épineuse. Sables de l'infralittoral, et un peu plus bas. 9 cm. Sur toutes nos côtes.

Coque tuberculée

Les couteaux

Ils vivent verticalement dans les sédiments fins, dans la zone des marées et un peu plus bas. Leur coquille est ouverte aux deux extrémités : en haut sortent les siphons, pour la respiration et l'alimentation, en bas, c'est le pied puissant qui dépasse. Il permet à ces mollusques de s'enfouir rapidement (en quelques secondes) et profondément (jusqu'à plus de 80 cm). Les couteaux sont utilisés comme appâts de pêche, notamment pour la daurade.
Ils sont parfois localement consommés.

Couteau commun

Couteau commun (*Ensis siliqua*). C'est le plus grand des couteaux, avec plus de 25 cm. Sur toutes nos côtes.

Couteau droit d'Europe

Couteau droit d'Europe, couteau gaine (*Solen marginatus*). Coquille de couleur blanc-gris à rouille, plus large que celle du couteau commun. De 10 à 12 cm. Sur toutes nos côtes.

Couteau sabre

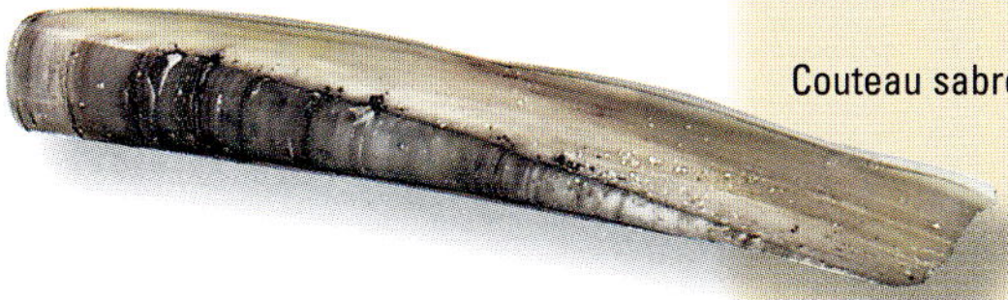

Couteau sabre (*Ensis ensis*). Coquille brune et incurvée en forme de sabre. 10 cm. Sur toutes nos côtes.

Les bivalves des sédiments profonds

Ils vivent enfouis dans les sables grossiers et les graviers jusqu'à 80 m de profondeur. Certains sont très connus et sont pêchés à la drague.

Praire (*Venus verrucosa*). Sa coquille, bombée et épaisse, est garnie d'arêtes concentriques grossières qui se terminent en forme de petites verrues. Solide, elle est difficile à ouvrir, mais cela ne l'empêche pas d'être très appréciée sur le plan culinaire. Elle vit sur toutes nos côtes et mesure jusqu'à 6 ou 7 cm. Une espèce voisine, *Circomphalus casina* [= *Venus casina*] (petite praire, praire chambrière) ne dépasse pas 5 cm. Elle se reconnaît à ses arêtes concentriques dépourvues de petites verrues. Sur toutes nos côtes.

Praire

Amande de mer

Amande de mer (*Glycymeris glycymeris*). La coquille est solide et presque circulaire, elle est marbrée de jaune-brun ou de brun-rouge sur fond plus clair, avec une bande veloutée sur son pourtour. C'est un coquillage méconnu, à chair ferme au goût iodé. Taille maximale : 8 cm, taille courante de commercialisation entre 4 et 6 cm. Sur toutes nos côtes.

Donace

N.L. : *Donax vittatus* **Fam. :** Donacidés

Selon les régions, les donaces sont surnommées olives, pignons, flions ou haricots de mer.

Donace

Donace tronquée

• **DESCRIPTION :** L'extérieur de la coquille est blanc crème à vert olive, l'intérieur varie du blanc au violet, en passant du jaune à l'orangé. La charnière forme un angle de 135°. 4 cm.

• **HABITAT :** Cette donace est localement abondante dans des zones peu profondes, parfois découvertes par les marées. Absente en Méditerranée.

• **BIOLOGIE :** Elle s'enfonce peu profondément dans du sable non vaseux, où elle peut se déplacer avec son pied.

• **UTILISATION :** Toutes les donaces sont comestibles et leur chair est considérée comme fine.

Donace aplatie *(Donax variegatus)*. Non illustrée. Forme allongée et étroite, coloration extérieure variable, intérieur de la coquille rose à bleu clair. Dans le sable grossier, à faible profondeur, rarement abondante. 4 cm. Sur toutes nos côtes.

Donace tronquée *(Donax trunculus)*. Angle de 120° à la charnière. Zone des marées, dans le sable fin ou la vase. De 4 à 5 cm. Atlantique, Méditerranée.

Les tellines

De la famille des Tellinidés, elles sont proches des donaces, mais leur coquille est moins allongée, plus mince et plus fragile. Lorsqu'elles s'échouent sur la plage, les valves sont écartées comme les ailes des papillons. Les tellines vivent dans des sables fins à moyens dans lesquels elles s'enfoncent peu.

Telline pourpre

Telline pourpre *(Tellina incarnata)* [= *Angulus incarnatus*]. L'une des extrémités de sa coquille est assez pointue et aplatie. Coloration claire : jaune, rose ou orangé. Commune, elle vit un peu plus profondément que les autres tellines. 4,5 cm. Méditerranée.

Telline-papillon

Telline-papillon ou fragile *(Tellina tenuis)* [= *Angulus tenuis*]. Coquille de couleur vive, mais variable, un peu moins allongée que les autres tellines. 3 cm. Sur toutes nos côtes.

Telline de la Baltique

Telline de la Baltique *(Macoma balthica)*. Intérieur de la coquille rouge vif, extérieur avec une alternance de bandes rouges et blanches. Dans les sables fins et vaseux de la zone des marées, jusqu'à 15 m de profondeur. 3 cm. Absente en Méditerranée.

Lavignon *(Scrobicularia plana)*. Non illustré. Coquille mince et plate d'environ 6 cm, avec de fines lignes concentrique. Il s'enfouit peu profondément dans les sables fins et dans la vase des eaux littorales calmes. Il est localement consommé cuit, sur le littoral atlantique. Sur toutes nos côtes.

Mye des sables

Mye des sables, bec de jar *(Mya arenaria)*. Coquille épaisse qui bâille à une extrémité. Dans les sables fins et vaseux de l'infralittoral, et dans les estuaires. De 10 à 12 cm. Absente en Méditerranée. Comestible mais peu appréciée.

Spisule épaisse *(Spisula solida)*. Non illustrée. Coquille presque triangulaire blanc crème, avec quelques stries concentriques plus ou moins épaisses. De 4 à 5 cm. Absente en Méditerranée. Comme la mye des sables, la spisule est comestible mais peu consommée.

Les foreurs

Pholade

Pholade (*Pholas dactylus*). La coquille blanche et fragile est allongée et striée comme une lime. Il n'y a pas de charnière : les valves ne sont pas reliées entre elles. Cela permet à la pholade d'effectuer des mouvements pour percer des galeries dans des roches tendres, du bois, ou des sédiments très compacts. Elle dépasse 12 cm et émet une lueur phosphorescente vert-bleu. Elle vit jusqu'à 20 m de profondeur, sur toutes nos côtes.

Taret

Taret (*Teredo navalis*). Le taret ne perce que les bois immergés des bateaux et des pontons, avec sa petite coquille de 2 cm au maximum. Le manteau sécrète un tube calcaire assez irrégulier pouvant dépasser 10 cm, et qui épouse la forme de la galerie creusée. Il se nourrit de la sciure produite pendant cette opération. On le rencontre sur toutes nos côtes, où il provoque des dégâts assez conséquents.

LES SCAPHOPODES

Ce sont des mollusques qui n'ont presque pas évolué depuis leur apparition, il y a environ 300 millions d'années. Ils sont représentés par les dentales (famille des Dentaliidés), qui vivent enfouis verticalement dans les sédiments. La coquille, en forme de défense d'éléphant, est ouverte aux deux extrémités. La partie la plus mince dépasse légèrement du sédiment et de courts tentacules en sortent pour filtrer divers détritus dont ils se nourrissent. La partie la plus large laisse dépasser le pied, formé de deux lobes.

Dentale commun

Dentale

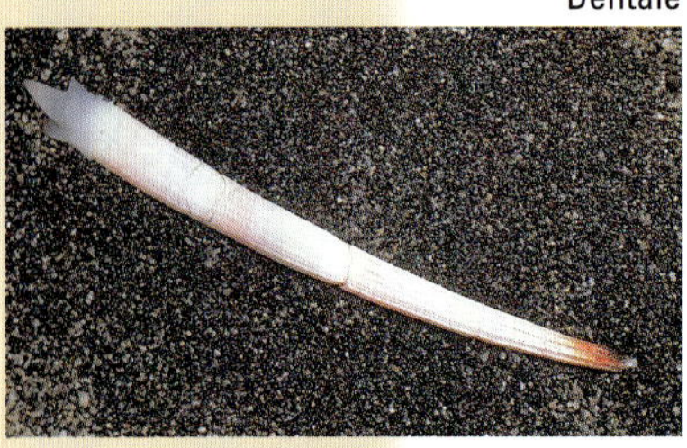

Dentale commun (*Dentalium vulgare*). D'environ 6 cm, la coquille est blanc crème, parfois rosée, avec quelques stries longitudinales. Sur toutes nos côtes.

Dentale (*Dentalium entalis*) [= *D. entale* ou *D. dentale*]. La coquille lisse est blanc brillant et mesure 5 cm. La plus large ouverture a une section ovale. Absent en Méditerranée.

Dentale strié

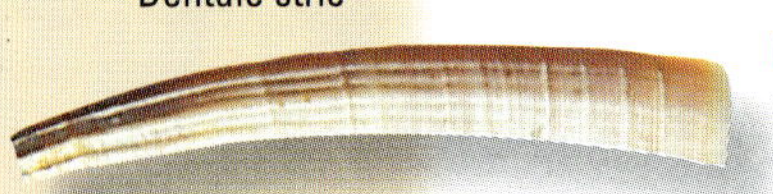

Dentale strié (*Dentalium inequicostatum*). Coquille de 5 cm nettement striée sur sa longueur. Couleur crème, rose, parfois plus foncée. Méditerranée, mais peu courant.

LES CÉPHALOPODES

Leur tête porte des tentacules, huit chez les octopodes (pieuvre), dix chez les décapodes (seiche, calmar), munis de ventouses qui leur servent à capturer leurs proies. Les yeux sont bien développés et performants. La bouche, dont la forme lui a valu le nom de bec de perroquet, possède un organe puissant pour broyer les aliments. Ce sont des animaux très mobiles, qui se déplacent en nageant ou par réaction en expulsant de l'eau par un court siphon.

Poulpe

N.L. : *Octopus vulgaris*
Syn. : Pieuvre
Fam. : Octopodidés

Le poulpe n'est pas le mâle de la pieuvre, ces deux noms désignent la même espèce. C'est un animal intelligent et curieux qui se laisse parfois approcher en plongée.

• **DESCRIPTION :** Il possède 8 bras qui portent chacun deux rangées de ventouses. Sa couleur, en général brune, est variable en fonction de son environnement. Sa taille atteint plus de 1 m, tentacules repliés, et plus de 2,50 m d'envergure avec les tentacules étalés.

• **HABITAT :** Le poulpe se rencontre de la zone des marées jusqu'à 100 m de profondeur, dans des milieux rocheux. Il s'abrite dans les grottes et les anfractuosités, où il se camoufle habilement par mimétisme. Il vit sur toutes nos côtes.

• **BIOLOGIE :** Il se nourrit de mollusques et de crustacés. Lors de l'accouplement, le mâle introduit un tentacule dans le corps de la femelle pour féconder les œufs. Ceux-ci pendent en cordons au plafond de cavités rocheuses ou sous des roches. La femelle surveille la ponte pendant toute la durée de l'incubation, qui dure plusieurs semaines. À l'éclosion, les jeunes naissent presque formés. En cas d'agression, le poulpe fuit rapidement en repliant ses tentacules et en émettant un nuage d'encre.

• **UTILISATION :** Il se consomme chaud en sauce, ou froid en salade. Le poulpe est particulièrement apprécié sur le littoral méditerranéen. Il faut battre la chair pour qu'elle perde sa consistance élastique.

Poulpe à bras longs

Poulpe à bras longs, grande pieuvre (*Octopus macropus*). D'une taille allant de 70 à 90 cm, *Octopus macropus* a des tentacules plus longs et plus fins que le poulpe commun, avec des taches blanchâtres sur fond roux. On le trouve de la zone des marées jusqu'à 100 m de profondeur, dans les roches. Sur toutes nos côtes.

Poulpe blanc

Élédone, poulpe blanc (*Eledone cirrhosa*). Ses tentacules ont une seule rangée de ventouses. Mesurant entre 40 et 50 cm, l'élédone a une coloration rouge clair. Sur toutes nos côtes.

Seiche

N.L. : *Sepia officinalis* **Fam.** : Sépiidés

Son nom vient du fait que la seiche projette un colorant sépia en s'enfuyant rapidement.

• **DESCRIPTION** : Le corps est ovale et aplati, entouré d'une nageoire. Elle porte 8 tentacules courts et identiques et 2 plus longs, extensibles, pour capturer les proies. La coquille est interne, c'est le fameux os de seiche.

• **HABITAT** : On la rencontre principalement dans les zones sableuses et les herbiers de zostères. Elle est commune sur toutes nos côtes.

Œufs de seiche

• **BIOLOGIE** : Elle vit sur le substrat, où elle se camoufle en changeant de couleur ; elle peut même s'y enfouir légèrement. Les plongeurs qui tentent de l'approcher reçoivent souvent un nuage d'encre persistant qui permet à l'animal de disparaître. Elle se nourrit de poissons et de crustacés qu'elle chasse surtout de nuit. La fécondation est interne et les œufs ressemblent à une grappe de raisin noir. L'éclosion donne des petites seiches qui nagent déjà et peuvent projeter de l'encre.

Œil de seiche

• **UTILISATION** : C'est principalement le manteau de couleur blanche qui est consommé. Il faut donc peler la seiche, enlever l'os et la poche à encre. La seiche est traditionnellement appréciée en Méditerranée, où elle se prête à de nombreuses préparations.

Sépiole

Sépiole (*Sepiola rondeleti*). Elle ressemble à une petite seiche (de 5 à 6 cm), mais son corps est plus arrondi, avec une paire de courtes nageoires. Sa coquille interne est très réduite. Méditerranée.

Calmar

N.L. : *Loligo vulgaris*
Syn. : Encornet

Fam. : Loliginidés

Il existe plusieurs espèces de calmars, qui portent souvent d'autres noms : calamar, encornet, casseron, et chipiron pour les plus petits d'entre eux.

Ponte de calmars

• **DESCRIPTION :** Le corps est allongé, avec 2 nageoires latérales qui se rejoignent et forment un losange à l'arrière. La coquille est interne, très fine et transparente, et porte le nom de plume. Il y a 8 bras de longueur égale et 2 tentacules plus longs, avec d'assez grosses ventouses qui servent à la capture des proies. Sa couleur est rouge assez vif et sa taille atteint 50 cm.

• **HABITAT :** On le rencontre sur toutes nos côtes, de quelques mètres à plus de 200 m de profondeur, souvent en bancs. Il n'est pas rare que des plongeurs puissent l'observer, surtout de nuit.

• **BIOLOGIE :** Il se nourrit de crustacés et de poissons. La fécondation est interne. Les œufs sont ensuite enfermés dans des masses gélatineuses allongées et fixées aux roches.

• **UTILISATION :** On consomme le manteau et les tentacules. À noter que les plus petits calmars sont les plus tendres.

Casseron (*Alloteuthis subulata*). Petit gabarit (25 cm), l'extrémité de son corps est amincie et assez pointue. Sur toutes nos côtes.

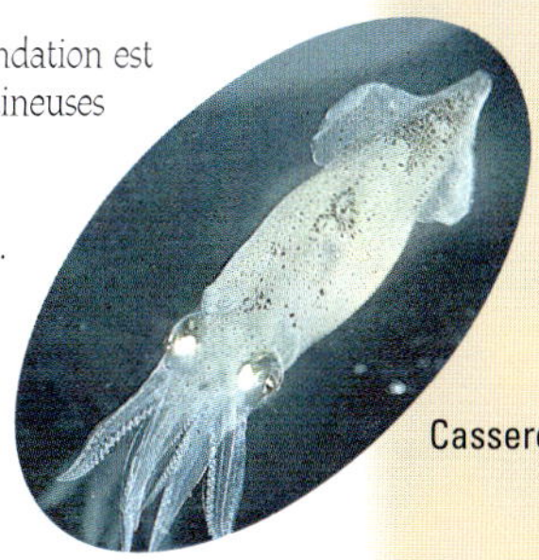

Casseron

EXISTE-T-IL DES CÉPHALOPODES GÉANTS SUR NOS CÔTES ?

Les scientifiques sont convaincus de l'existence de ces animaux et les preuves existent : photos, morceaux de chair, observations d'individus échoués… Il y a des calmars de plus de 10 m et on pense qu'il existe des individus de 30 m, ainsi que des pieuvres de plus de 5 m d'envergure.
Jusqu'à présent, les observations sur nos côtes concernent des animaux plus petits, mais tout de même de taille respectable. Certains récits grecs et romains parlaient de calmars et de pieuvres de 3 m de long, tentacules étalés, en Méditerranée. Un calmar de 8 m, dont 2 m pour le corps, a été capturé dans les années 30 par un chalutier, au large de la Vendée.

LES BRYOZOAIRES

Malgré les apparences, les bryozoaires sont relativement évolués : ils possèdent des organes bien différenciés, des muscles, un système nerveux… Ces animaux coloniaux sont constitués de nombreuses logettes (souvent à peine visibles à l'œil nu) qui contiennent chacune un individu, ou zoïde. La principale structure visible du zoïde (avec une loupe !) est le petit panache en entonnoir qui lui permet de se nourrir. Encroûtantes ou dressées selon les espèces, les colonies s'accroissent par bourgeonnement de nouvelles logettes.

Membranipore

N.L. : *Membranipora membranacea* **Fam.** : Membraniporidés
Syn. : Bryozoaire-tapis

Ces fines croûtes blanchâtres croissent tellement vite qu'elles peuvent envahir les grandes laminaires en quelques semaines !

Membranipore

• **DESCRIPTION :** Ce bryozoaire a l'aspect d'une fine croûte blanchâtre, légèrement rugueuse au toucher, dans laquelle les logettes rectangulaires sont aisément identifiables. Le pourtour de la colonie forme de larges lobes au contour régulier. Les croûtes de cette espèce peuvent dépasser 20 à 30 cm de diamètre.

• **HABITAT :** L'espèce se fixe principalement sur les grandes algues brunes, en particulier les laminaires. On la trouve dans des milieux variables, avec une préférence cependant pour les secteurs modérément exposés à la mer. Elle se rencontre de la zone des marées à l'infralittoral.

• **BIOLOGIE :** Les colonies de membranipores ont une vitesse de croissance considérable, qui peut atteindre plusieurs millimètres par jour. Cela leur permet de compenser en partie la prédation par certains gastéropodes (troques, limaces de mer), mais surtout de coloniser très rapidement le support au détriment d'espèces concurrentes.

Électre pileuse *(Electra pilosa)*. Colonies encroûtantes se distinguant de *Membranipora* par des bords très découpés et un toucher franchement rugueux. Les logettes ne sont pas rectangulaires. Sur divers supports, algues rouges, fucus... Sur toutes nos côtes.

Électre pileuse

Grande flustre

Grande flustre *(Flustra foliacea)*. Colonie gris-beige dressée constituée de lobes plus ou moins en éventail. Porte des logettes sur les deux faces. Toujours en dessous de la zone des marées. De 5 à 20 cm. Atlantique principalement.

Petite flustre *(Chartella papyracea)* [= *Flustra papyracea*]. Plus fine et plus divisée que la grande flustre, cette espèce ne dépasse guère 5 cm. Elle est souvent marquée de stries transversales plus sombres. À partir du bas de la zone des marées. Atlantique.

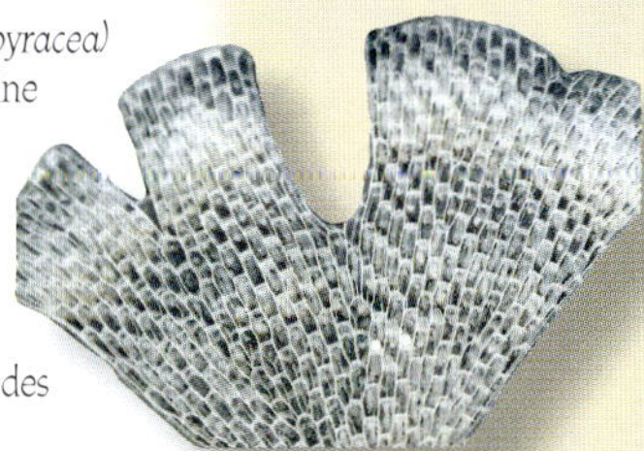

Petite flustre

Alcyonelle, doigt de feu *(Alcyonidium sp.)*. Bryozoaire non calcifié, de texture souple. Forme habituellement des lobes plus ou moins aplatis dans des teintes grises, brunâtres, verdâtres... Sécrète une substance irritante, d'où son nom commun. Certaines espèces encroûtantes. Manche, mer du Nord.

Alcyonelle

Rose de mer

N.L.: *Pentapora fascialis*
[= Hippodiplosia fascialis]

Fam.: Hippoporinidés

Ces masses orange aux « pétales » contournés sont très fragiles et cassantes. Plongeurs, attention !

Rose de mer

• **DESCRIPTION :** La coloration orange, parfois légèrement rosée, est typique. Les lames rigides qui forment la colonie sont plus ou moins larges, ramifiées ou anastomosées suivant les conditions de l'environnement. Les colonies atteignent 20 à 30 cm en Méditerranée, mais dépassent 50 cm en Atlantique.

• **HABITAT :** Cette espèce infralittorale se rencontre sur fond rocheux, habituellement au-delà de 15 ou 20 m en Méditerranée (souvent moins en Atlantique), mais peut vivre dans des grottes superficielles. On rencontre souvent des roses de mer fixées sur des grandes gorgones rouges.

• **BIOLOGIE :** En Méditerranée, les colonies rencontrées en profondeur forment plutôt une sorte de buisson aux lames finement ramifiées, tandis que les colonies superficielles, aux lames plus larges et anastomosées, sont massives. Cet « écotype » massif est le plus couramment rencontré sur la façade atlantique ; il est parfois nommé *Pentapora foliacea.*

Dentelle de Neptune (*Sertella septentrionalis*). L'aspect de dentelle rosé à beige est caractéristique, mais il existe plusieurs espèces semblables. Espèce infralittorale. De 10 à 12 cm. Méditerranée ; en profondeur en Atlantique.

Bugule (*Bugula catathus*). Plusieurs bryozoaires ont cette structure à ramifications dichotomes plus ou moins organisées en éventail, en coupe ou en spirale, par exemple *Cabera,* ou *Scrupocellaria,* dont on voit de petites colonies sur la photo. De 2 à 4 cm. Sur toutes nos côtes.

Dentelle de Neptune

Bugule

Faux corail

N.L. : *Myriapora truncata* **Fam. :** Myriaporidés

Il n'a pas de polypes blancs, et ses branches sont nettement tronquées. Ne le confondez pas avec le vrai corail !

• **DESCRIPTION :** Cette espèce buissonnante est constituée de branches cylindriques à l'extrémité nettement tronquée, dont la surface est marquée de nombreux pores qui correspondent aux loges des zoïdes. De coloration orange pâle à rougeâtre, les colonies atteignent 10 à 20 cm.

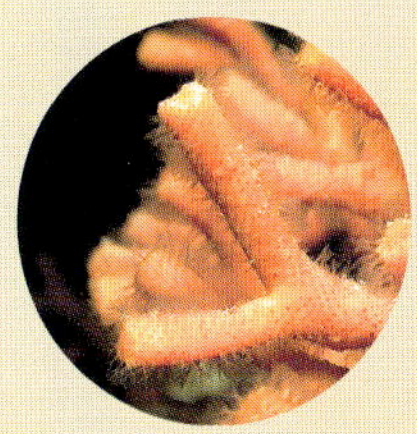

Faux corail

• **HABITAT :** Cette espèce prospère dans les zones d'ombre, surplombs, grottes, parfois très près de la surface. On la rencontre également au-delà de 20 ou 30 m dans les anfractuosités du coralligène, où elle voisine parfois avec le vrai corail rouge.

LES LOPHOPHORIENS

Les deux groupes ci-dessous sont parfois réunis avec les bryozoaires dans l'embranchement des Lophophoriens. Caractère commun, le lophophore, cette couronne de fins tentacules ciliés qui entoure la bouche.

LES PHORONIDIENS

Le lophophore est constitué d'un double panache spiralé de 5 à 10 mm, évoquant un peu un annélide tubicole, mais les fins tentacules accolés ne sont pas ramifiés. Le corps, vermiforme, est abrité dans un tube muqueux enfoui dans le sable.

Petit phoronidien *(Phoronis hippocrepia).* Le petit phoronidien se rencontre souvent en groupe, jusqu'à 10 m de profondeur ; son lophophore, d'un beige rosé translucide, ne dépasse pas 5 à 10 mm. Le grand phoronidien *Phoronis australis* (panache de 1,5 à 2 cm) est souvent associé au tube des cérianthes. Sur toutes nos côtes.

Petit phoronidien

LES BRACHIOPODES

Extérieurement, les brachiopodes ressemblent à des mollusques bivalves, mais leurs valves sont dissymétriques : une grande valve ventrale et une petite valve dorsale. Entre ces valves se trouve un lophophore « en fer à cheval », portant de fins tentacules parallèles.

Térébratule *(Terebratulina sp.).* Coquille beige à brunâtre, finement striée. Valve ventrale très creuse, d'où sort (à la pointe) un court pédoncule souple permettant la fixation au rocher. De 2 à 3 cm. Espèce principalement infralittorale. Sur toutes nos côtes.

Térébratule

LES ÉCHINODERMES

Les échinodermes – étymologiquement « peau de hérisson » – se caractérisent par la présence de pièces calcaires sous la peau, parfois soudées entre elles, souvent en forme d'épines. Autre caractère important, ils ont une symétrie d'ordre cinq (ou pentaradiaire), c'est-à-dire qu'on pourrait les diviser en cinq parties identiques. Enfin, ils ont développé un mode de locomotion original à l'aide de petits tubes souples munis d'une ventouse, que l'on nomme pieds ambulacraires (ou *podia*).

Principaux groupes d'échinodermes

- **Étoiles de mer (astérides)**
5 bras en étoile, mais parfois nettement plus chez quelques espèces.

- **Ophiures (ophurides)**
5 bras grêles implantés sur un disque central, et souvent garnis de fines épines.

- **Oursins (échinides)**
– Oursins réguliers : ce sont les classiques boules d'épines ;
– Oursins irréguliers : espèces fouisseuses de forme plus ou moins ovale ; leurs piquants ressemblent à des poils.

- **Concombres de mer (holothurides)**
Comme leur nom commun l'indique, ils ont une forme de « boudin ».

- **Comatules (crinoïdes)**
10 bras plumeux et, à l'opposé, des cirres en crochets.

La présence de tubes à ventouses (ou pieds ambulacraires) est l'une des caractéristiques des échinodermes.

Les comatules

Encore surnommés plumes de mer, les crinoïdes piègent de petites proies planctoniques grâce à leurs bras plumeux, au nombre de 10 chez les espèces européennes, mais jusqu'à 200 chez certaines comatules tropicales ! La bouche se trouve au milieu de la couronne des bras, tandis qu'à l'opposé sont implantés des cirres crochus qui permettent à l'animal de s'accrocher et de se déplacer. Les crinoïdes sont capables de régénérer en quelques semaines des bras abîmés.

Comatule de Méditerranée

N.L.: *Antedon mediterranea*
Syn.: Plume de mer
Fam.: Antédonidés

Malgré son aspect indiscutablement décoratif, la comatule est un animal discret qui se cache généralement dans la journée.

• **Description :** Implantés sur une étroite base conique, les dix bras (en fait, 5 bras divisés dès leur base) sont articulés et portent des pinnules garnies de fins pieds ambulacraires sans ventouses. La face « aborale » (opposée à la bouche, et aux bras) porte 20 à 30 crampons segmentés. La coloration varie considérablement du jaune au rouge, du blanc rosé au brun, parfois avec des marbrures. L'envergure totale peut atteindre 15 à 20 cm.

• **Habitat :** La comatule habite tous les fonds rocheux offrant des cachettes ou des anfractuosités, dès 2 ou 3 m de profondeur, et jusqu'à 40 m. Elle se rencontre également dans les herbiers de posidonies lorsque la matte comprend de nombreux abris.

• **Biologie :** Dans la journée, les crinoïdes sont habituellement cachés sous une pierre ou dans une anfractuosité, dont on voit parfois dépasser l'extrémité des bras. C'est surtout la nuit qu'ils sortent de leur refuge, se cramponnent sur un support bien exposé au courant, et étendent leurs bras pour capter de petits organismes planctoniques. Les proies sont amenées à la bouche par une gouttière ciliée le long des bras. Dérangée, la comatule replie ses « plumes » en les enroulant ; elle peut également abandonner son support, et nager d'un élégant mouvement alternatif des bras.

Comatule atlantique (*Antedon bifida*). Semblable à la comatule de Méditerranée, cette espèce la remplace sur toute notre façade atlantique. Elle se rencontre dans l'infralittoral jusqu'à 200 m, occasionnellement dans certaines mares du bas de la zone des marées.

Comatule atlantique

Étoile de mer commune

Les étoiles de mer

Les étoiles de mer se caractérisent normalement par leurs cinq bras rayonnants (bien que certaines espèces en possèdent davantage). À la face inférieure se trouvent la bouche et les pieds ambulacraires, alignés dans un sillon, sous chaque bras : portées par des rangées de tubes à ventouses, les étoiles de mer semblent glisser sur le sol. La face supérieure est couverte d'épines plus ou moins développées ; près du centre se trouvent l'anus, microscopique et non fonctionnel, et une petite plaque perforée (plaque madréporique) permettant l'alimentation en eau du système hydraulique, qui actionne les pieds ambulacraires. Les étoiles de mer ont des facultés de régénération étonnantes, un bras coupé pouvant redonner naissance à une étoile complète !

Étoile de mer commune

N.L. : *Asterias rubens* **Fam.** : Astériidés
Syn. : Astérie

L'étoile de mer la plus commune de nos côtes atlantiques est considérée comme une peste par les conchyliculteurs, car c'est une dévoreuse de coquillages.

• **Description :** Un peu plus étroits à leur base, les 5 bras (parfois 4 ou 6) sont renflés et relativement massifs. La peau porte des piquants émoussés et des tuber-

Une population dense d'étoiles de mer communes, accompagnées de quelques étoiles glaciaires grisâtres.

cules. Cette espèce est en général brun clair, mais avec diverses nuances de vert, mauve, jaune ou orangé. Son envergure atteint habituellement 15 cm, mais jusqu'à 50 cm en profondeur.

• **HABITAT :** L'astérie commune fréquente tous les types d'habitats, de la zone de balancement des marées à 400 m de profondeur. Elle supporte aussi une relative dessalure dans les estuaires. Dans certaines conditions, elle peut pulluler à raison de plus de 100 individus au mètre carré !

• **BIOLOGIE :** Jeune, l'étoile commune se nourrit de balanes, puis de petits crustacés, d'oursins, et surtout de bivalves, qu'elle dévore avec une technique bien particulière : s'arc-boutant sur la coquille, elle en écarte les valves grâce à ses pieds ambulacraires aux fortes ventouses. Elle dévagine ensuite son estomac (comme on retourne un gant) afin d'appliquer la paroi digestive directement sur la proie. Une fois cette digestion externe terminée (ce qui prend plusieurs heures), le coquillage est abandonné, vide.

Étoile à gros piquants, étoile glaciaire (*Marthasterias glacialis*). Longs bras cylindriques portant de forts piquants à la base mamelonnée. Coloration de base beige à grisâtre, mais très variable. Sur fonds durs et sables grossiers, de la surface à 180 m. De 30 à 70 cm. Sur toutes nos côtes.

Étoile épineuse, étoile bleue (*Coscinasterias tenuispina*). Ressemble à une petite étoile glaciaire, mais possède de 7 à 10 bras. Coloration habituellement marbrée de brun et bleu clair. De 10 à 15 cm. Méditerranée, golfe de Gascogne. Attention, les fins piquants pénètrent dans la peau, et sont difficiles à enlever !

Étoile à 7 bras (*Luidia ciliaris*). Les 7 bras souples, longs et étroits, sont bordés d'épines claires dirigées vers le bas. Teinte beige à orangé. Sur fonds sableux du bas de la zone des marées à 400 m. De 40 à 60 cm. Atlantique, rare en Méditerranée.

Étoile de mer commune

Étoile de mer à gros piquants

Étoile épineuse

Étoile à 7 bras

Étoile rouge

N.L. : *Echinaster sepositus* **Fam. :** Échinastéridés

C'est de loin l'étoile rouge la plus fréquente sur nos côtes, mais attention de ne pas la confondre avec ses cousines !

• **DESCRIPTION :** Les 5 bras assez longs, de section circulaire, sont parsemés de petites dépressions d'où émergent (lorsque l'animal n'a pas été dérangé) des papules coniques rouge sombre à rôle respiratoire. La coloration va de l'orange soutenu au vermillon, les pieds ambulacraires étant de la même couleur. Cette étoile dépasse rarement 20 cm d'envergure.

• **HABITAT :** L'étoile rouge se rencontre sur les fonds rocheux, de quelques mètres à 1 000 m de profondeur. Elle ne se cache guère, et se repère de très loin en plongée.

• **BIOLOGIE :** Cette espèce est plutôt microphage : elle se nourrit principalement de particules organiques ramassées sur le fond, mais peut également s'attaquer à des organismes fixés comme les éponges. Lors de la reproduction, cette étoile se dresse sur la pointe de ses bras afin de surélever les orifices sexuels (situés à l'aisselle des bras) pour libérer les gamètes dans le courant.

Étoile lisse (*Hacelia attenuata*). Les longs bras s'effilent régulièrement jusqu'à la pointe. Coloration beige orangé à rouge, avec des alignements de taches un peu plus sombres (correspondant à des plaques osseuses). Sur fond rocheux peu éclairé de 1 à 150 m de profondeur. De 20 à 30 cm. Méditerranée.

Étoile-cuir boréale (*Henricia sanguinolenta*). Étoile rugueuse au toucher (des épines pointues dépassent de la peau). La coloration est mauve à violacée (parfois rougeâtre), souvent avec les pointes des bras plus claires. De 10 à 20 cm au maximum. Espèce nordique descendant rarement jusqu'en Manche.

Étoile solaire, crachat d'amiral (*Crossaster papposus*). Le large disque, bordé de 8 à 14 bras, porte des tubercules épineux bien visibles. Coloration le plus souvent rouge orangé, avec des dessins plus clairs. De 20 à 35 cm. Espèce infralittorale et nordique (mer du Nord, Manche).

Étoile-coussin rouge (*Porania pulvillus*). Étoile charnue aux bras courts mais pointus, à la surface lisse. Coloration rouge vif, parfois jaune orangé, avec des papules respiratoires plus claires. Fonds rocheux ou sédimentaires à partir de 5 à 10 m de profondeur. De 10 à 12 cm. Atlantique, espèce plutôt nordique.

Astérine bossue

N.L.: *Asterina gibbosa* **Fam.:** Astérinidés

Cette petite espèce caractéristique est fréquente sous les cailloux peu profonds jusque dans la zone des marées.

• **DESCRIPTION :** Plutôt aplatie, l'astérine bossue a des bras très courts qui lui donnent souvent un aspect pentagonal, en particulier chez les jeunes. Hérissée de petits tubercules épineux, sa peau est rugueuse. Sa coloration plus ou moins marbrée se décline en nuances de gris, brunâtre, verdâtre ou bleuté. La face inférieure est blanchâtre ou beige. Cette étoile mesure habituellement de 3 à 5 cm, et atteint rarement 7 cm.

Astérine bossue

• **HABITAT :** Cette espèce commune fréquente surtout les éboulis et les fonds rocheux riches en anfractuosités, de la zone intertidale à plus de 20 m. On la trouve aussi dans les herbiers.

• **BIOLOGIE :** L'astérine bossue se nourrit de mollusques, vers ou bryozoaires, mais aussi de microalgues, qu'elle digère en évaginant son estomac. Chez cette espèce hermaphrodite, chaque individu est d'abord mâle avant de se transformer en femelle au cours d'une longue phase intersexuée. Les œufs sont déposés sur le fond et donnent directement naissance à des petites étoiles benthiques, sans phase larvaire intermédiaire.

Étoile-patte d'oie (Vue de dessus)

Étoile pentagonale *(Ceramaster placenta) [= Peltaster placenta].* Étoile aplatie, pentagonale, dont les bras ne sont pas individualisés. Corps bordé d'une double rangée de grandes plaques. Coloration beige orangé à rougeâtre. Fonds meubles de 10 à 1 000 m. De 12 à 17 cm. Méditerranée, golfe de Gascogne.

Vue de dessous

Étoile-patte d'oie *(Anseropoda placenta).* Espèce très aplatie d'aspect foliacé, et de forme presque pentagonale. Couleur beige rosé à rougeâtre. Sur fond meuble, de 10 à plus de 100 m. De 15 à 20 cm. Sur toutes nos côtes.

Étoile pentagonale

Étoile-peigne brune

N.L. : *Astropecten spinulosus* **Fam.** : Astropectinidés

Assez souvent rencontrée par les plongeurs, cette espèce est relativement facile à identifier mais il existe une dizaine d'autres étoiles-peignes.

• **DESCRIPTION :** Cette étoile plate se caractérise par des bras assez rigides, bordés d'une rangée de grandes épines disposées « en peigne ». Les plaques supéro-latérales des bras (au-dessus des épines du « peigne ») ont un aspect granuleux et mal défini. C'est la seule étoile-peigne dont les pieds ambulacraires aient en partie conservé une ventouse terminale. Le corps et les épines sont de couleur brune, souvent assez sombre. La taille ne dépasse guère 8 à 12 cm.

• **HABITAT :** Cette espèce se rencontre le plus souvent sur fond sableux en proximité d'herbier ou de roche, entre 2 et 20 ou 30 m de profondeur.

• **BIOLOGIE :** Généralement enfouie sous le sable dans la journée, l'étoile-peigne brune chasse surtout la nuit. Ses pieds ambulacraires dotés de ventouses lui permettent d'escalader herbiers ou roches à la recherche de ses proies (mollusques, vers...), ce dont les autres étoiles-peignes sont incapables.

Grande étoile-peigne

Grande étoile-peigne (*Astropecten aurantiacus*) [= *A. arancíacus*]. De teinte beige avec des dessins rougeâtres (qui parfois dominent), cette étoile-peigne se caractérise par ses plaques supéro-latérales bien délimitées et ornées d'une courte pointe, et surtout par sa taillee : jusqu'à 50 ou 60 cm. Sur fond de sable uniquement, de 5 à 100 m. Méditerranée.

Petite étoile-peigne

Petite étoile-peigne (*Astropecten irregularis*). Les plaques supéro-latérales, bien alignées, portent un tubercule conique ; les épines du « peigne » sont orientées vers le bas. Coloration beige jaunâtre à rosé, épines claires. Fonds de sable à partir du bas de la zone des marées. De 10 à 20 cm. Sur toutes nos côtes.

Les ophiures

Les ophiures ont un disque central bien individualisé d'où partent cinq bras grêles. Des épines fines et longues couvrent les bras chez les espèces microphages (elles protègent les fins pieds ambulacraires, qui captent la nourriture) ; elles sont souvent absentes chez les espèces macrophages ou fouisseuses. La bouche est ventrale, comme chez les étoiles, mais il n'y a pas d'anus.

Ophiure fragile

N.L. : *Ophiotryx fragilis* **Fam. :** Ophiotrichidés

Cachées sous les pierres, parfois en tapis sur les fonds sablo-vaseux, ces ophiures arborent une stupéfiante diversité de couleurs !

• **Description :** Les bras sont bordés de fines épines claires ou translucides (chaque segment en porte 7 de chaque côté), dont la longueur ne dépasse pas une fois et demie le diamètre du bras. C'est sans doute l'un des animaux marins aux couleurs les plus variables ; la diversité des teintes et des motifs au sein d'une même population défie toute description ! Le diamètre du disque peut atteindre 2 cm, et l'envergure totale 15 cm. Une

espèce proche, *Ophiotryx quinquemaculatus*, porte deux fois 6 épines par segment, les plus longues atteignant trois fois le diamètre du bras.

• **HABITAT :** Cette espèce fréquente deux grandes catégories d'habitats. On la rencontre, dispersée, dans les anfractuosités rocheuses, sous les pierres ou parmi les rhizomes des posidonies. Elle se trouve aussi sur certains fonds sablo-vaseux balayés par des courants riches en particules nutritives, formant parfois des concentrations de plusieurs milliers d'individus au mètre carré ! L'ophiure fragile peut vivre du bas de la zone des marées jusqu'à plusieurs centaines de mètres.

• **BIOLOGIE :** Cette espèce microphage consomme surtout des détritus organiques microscopiques, qu'elle capte à l'aide des longs pieds ambulacraires (sans ventouses mais dentelés) qui garnissent ses bras. Selon les circonstances, elle étend 2 ou 3 de ses bras pour se nourrir de particules portées par le courant, ou bien ramasse les débris déposés sur le fond.

Ophiure noire (*Ophiocomina nigra*). Noire ou brun foncé, cette espèce ne peut être confondue avec l'ophiure fragile, car ses épines sont toujours très sombres. Sur fonds variés à forte charge organique, de la surface à plus de 100 m. Atteint 10 cm. Sur toutes nos côtes.

Petite ophiure écailleuse (*Amphipholis squamata*). Toute petite espèce (4 cm). De 3 à 4 courtes épines de part et d'autre de chaque segment des bras. Sous les pierres et les algues, à partir de la zone intertidale. Sur toutes nos côtes.

Ophiure lisse (*Ophioderma longicauda*). Grande espèce (de 25 à 30 cm) aux bras paraissant lisses (épines très courtes, couchées). Coloration assez sombre, avec parfois des marques claires. Sous les pierres, zones d'ombre. De la Bretagne à la Méditerranée.

Ophiure de sable (*Ophiura sp.*). Il existe plusieurs espèces d'ophiures, toutes avec des bras relativement rigides et courts, d'aspect écailleux. Elles vivent habituellement sur le sable, dont elles ont la couleur. De 10 à 15 cm. Sur toutes nos côtes.

Ophiure noire

Ophiure noire (régénération)

Ophiure lisse

Petite ophiure écailleuse

Ophiure de sable

Les oursins

Les plaques squelettiques des oursins sont soudées pour former une boîte sphérique, le test. Ce dernier porte des protubérances sur lesquelles s'articulent les piquants. Il est également percé de cinq doubles rangées de petits orifices par où sortent les pieds ambulacraires. La bouche (ventrale) et l'anus (dorsal) sont situés dans l'axe du test chez les oursins réguliers. Chez les oursins irréguliers, espèces fouisseuses au corps plus ou moins allongé, la bouche est décalée vers l'avant, l'anus vers l'arrière.

Oursin noir

N.L.: *Arbacia lixula* **Fam.:** Arbaciidés

Ne confondez pas l'oursin noir avec l'oursin comestible : il a un goût infect !

• **Description :** Les piquants sont plus longs et plus pointus que ceux de l'oursin comestible, et s'effilent sur toute leur longueur. Les pieds ambulacraires dorsaux n'ont pas de ventouse, ce qui interdit à l'oursin noir de se couvrir de débris. Enfin, cet oursin est parfaitement noir, pieds ambulacraires compris. Le test (animal mort) est rose orangé, les rangées de pores ambulacraires étant soulignées de lignes brunes. Le diamètre total peut atteindre 8 à 12 cm (test de 5 à 6 cm).

• **Habitat :** L'oursin noir ne vit que sur fond rocheux, en particulier les substrats subverticaux, de la surface à une cinquantaine de mètres.

• **Biologie :** Cette espèce broute les algues, avec une préférence pour les algues calcaires encroûtantes.

Oursin grimpeur, oursin vert (*Psammechinus miliaris*). Petite espèce au test aplati et aux piquants gris-vert à pointe violette. Sous les pierres et dans les zones d'ombre. De 3 à 5 cm (avec les piquants). Atlantique. Une espèce similaire (*P. microtuberculatus*) en Méditerranée.

Oursin grimpeur

Oursin brun

N.L. : *Paracentrotus lividus* **Fam. :** Échinidés
Syn. : Oursin comestible, oursin violet

C'est l'oursin comestible le plus apprécié sur le plan culinaire ; on en consomme les glandes sexuelles.

• **Description :** Les piquants sont pointus et assez longs. Les pieds ambulacraires sont longs et fins, et se terminent tous par une petite ventouse (ce qui lui permet de se coller des objets sur le dos). Le test, relativement aplati, est de couleur verdâtre. L'animal vivant est souvent sombre, mais jamais noir : toutes les nuances de brun, jaunâtre, verdâtre, ou violet peuvent se rencontrer dans une population, et l'on trouve parfois des individus assez clairs, en particulier sur les côtes atlantiques. Cette espèce atteint rarement sa taille maximale de 7 cm (pour le test, la dimension totale dépassant 12 cm)

• **Habitat :** Cet oursin très littoral (mais ne se laissant jamais émerger) se rencontre cependant jusqu'à 80 m en certains endroits.
Il fréquente surtout les fonds rocheux, mais aussi les herbiers de posidonies.

• **Biologie :** Végétarien, comme tous les oursins réguliers, l'oursin comestible broute les algues, et dans une moindre mesure les posidonies et certains animaux fixés (éponges, bryozoaires). Dans une eau très chargée en matières organiques, il semble qu'il soit capable de récupérer les particules qui se collent aux piquants pour s'en nourrir. Par le frottement de ses piquants, cet oursin est capable de creuser une logette dans les roches tendres (calcaires, schistes…) ; il s'y réfugie le jour, et en sort la nuit pour brouter. Enfin, il se couvre souvent de débris divers (algues, coquillages, capsules de bière…). Cette manie, dont on a du mal à établir la signification, permet en tout cas de le distinguer à coup sûr de l'oursin noir !

Derrière les 5 dents se cache un étonnant appareil masticatoire, la « lanterne d'Aristote », visible sur la coupe ci-dessous à droite.

Les concombres de mer

Difficile d'admettre une parenté entre les concombres de mer (ou holothuries) et les oursins ou les étoiles de mer... Imaginez pourtant un oursin sans épines. Prenez-le par le haut et le bas, puis tirez. Déposez la chose sur le côté, voilà le concombre ! En y regardant de près, vous constaterez que deux rangées de pieds ambulacraires au moins ont été conservées, mais elles sont maintenant en position longitudinale. Détritivores, les holothuries se nourrissent soit en ingérant de grandes quantités de sédiments pour en digérer la matière organique, soit en captant des particules comestibles au moyen de tentacules disposés en étoile autour de la bouche.

Les concombres « lèche-doigts »

De ces holothuries, vous ne verrez probablement que les tentacules ramifiés qui entourent la bouche, car leur corps, à l'aspect de cornichon blanchâtre, brun ou noirâtre, est souvent dissimulé dans une anfractuosité.
Au nombre de 10, les tentacules engluent les débris en suspension ; périodiquement, l'animal replie un tentacule et l'introduit dans la bouche pour récupérer les particules comestibles, d'où le surnom de « lèche-doigts ».
Il y a une ou deux décennies encore, tout était simple : toutes ces espèces d'identification délicate étaient placées dans le genre *Cucumaria* (on pouvait donc sans crainte les nommer *Cucumaria sp.*). Aujourd'hui, elles sont réparties dans les genres *Aslia, Ocnus, Paracucumaria, Pawsonia*... Et l'on ne s'y retrouve plus !

Holothurie noire

N.L.: *Holothuria forskali* (= *Panningothuria forskali*)
Fam.: Holothuriidés

Ce concombre de mer a une caractéristique désagréable : dérangé, il émet des filaments blancs extrêmement collants.

• **DESCRIPTION** : La peau de cette espèce est relativement molle, mais se durcit notablement lorsque l'animal se contracte. La face dorsale, noire ou brun sombre; est hérissée de papilles qui se terminent en général par une pointe blanche. La face ventrale, brun jaunâtre, porte les pieds ambulacraires. La taille maximale est de l'ordre de 25 cm..

• **HABITAT** : Cette espèce vit normalement sur fond rocheux, de la surface à plus de 100 m. Il est très rare de la voir sur le sable.

• **BIOLOGIE** : L'holothurie noire se nourrit au moyen de courts tentacules en chou-fleur situés autour de la bouche, en balayant les particules organiques déposées sur la roche, les algues, les animaux fixés... À ce titre, elle est, comme les espèces qui ingèrent du sédiment, un véritable aspirateur des fonds marins ! Si elle est agressée, cette holothurie éjecte par le cloaque de longs filaments blancs, extrêmement collants, appelés tubes de Cuvier ; c'est une particularité typique de cette espèce.

Holothurie tubuleuse (*Holothuria tubulosa*). Peau coriace, avec des alignements de gros tubercules pointus. Du brun grisâtre au brun rougeâtre. Aspect élancé. Dans les herbiers et les fonds rocheux mélangés de sédiments. Peut dépasser 30 cm. Méditerranée, golfe de Gascogne.

Holothurie tubuleuse

SYNAPTE (*LEPTOSYNAPTA INHAERENS*)

Cette espèce appartient à la famille des Synaptidés, holothuries molles, sans pieds ambulacraires, au tégument qui « accroche » au toucher. Assez translucide, elle se caractérise par 12 tentacules péribuccaux portant chacun plus de 10 ramifications. Elle creuse des terriers dans le sable, en particulier dans les herbiers de zostères. De 20 à 30 cm. Manche, mer du Nord.

LES TUNICIERS

C'est aux tuniciers fixés, ou ascidies, qu'on est le plus souvent confronté. Animal filtreur, une ascidie adulte peut schématiquement se décrire comme une bouteille à deux goulots (l'un, le siphon inhalant, aspire l'eau, tandis que l'autre, le siphon exhalant, la rejette) dans laquelle se trouve un sac filtrant, le pharynx, qui retient les particules comestibles, microalgues et débris organiques divers.

La transparence de la claveline permet de voir les structures internes caractéristiques des ascidies.

À première vue, on ne voit pas ce qu'une ascidie a de plus perfectionné qu'une éponge ou une anémone. Ces animaux comptent pourtant parmi les plus proches cousins des vertébrés, mais cette parenté ne s'exprime que chez la larve. Cette dernière, longue de 1 millimètre à peine, doit son surnom de « têtard » à la présence d'une queue, soutenue par un axe élastique, la corde, ou chorde (d'où le nom d'urocordés, également donné au groupe des tuniciers). On retrouve cette corde chez les vertébrés, où elle sert de base au développement de la colonne vertébrale.

Principaux groupes de tuniciers

• Assidiacés (ascidies)
Ce sont les espèces fixées.
– Ascidies solitaires : les individus n'ont pas de liaison entre eux.
– Ascidies coloniales : les individus (ou zoïdes) sont simplement reliés par des stolons, ou inclus dans une tunique commune, partageant un orifice exhalant commun (Synascidies).
De nombreuses familles d'ascidies comprennent à la fois des espèces coloniales et solitaires.

• Thaliacés (salpes, dolioles, pyrosomes)
Espèces planctoniques, avec un cycle biologique alternant des phases solitaires et coloniales.

Cione

N.L. : *Ciona intestina* **Fam.** : Cionidés
Syn. : Ascidie jaune

Cette espèce commune supporte les zones polluées, où elle prospère parfois en concentrations impressionnantes.

• **DESCRIPTION :** La tunique de cette ascidie très élancée est gélatineuse, molle, lisse au toucher. Le siphon inhalant est terminal et forme 8 lobes ; le siphon exhalant, très proche, a 6 lobes. Chaque lobe est marqué d'une tache jaune et/ou d'un point rouge. La coloration générale va du beige translucide au jaune, parfois à l'orange. La cione atteint 15, parfois 20 cm.

• **HABITAT :** Cette espèce peut se fixer sur tous les substrats durs : roche, grandes algues, épaves et structures immergées, de la surface à plusieurs centaines de mètres. Elle supporte les eaux dessalées ou polluées.

• **BIOLOGIE :** D'un développement rapide, cette espèce peut former en quelques mois des concentrations dépassant les 1 000 au m^2 ! Les individus sont cependant bien séparés : ce sont les larves qui ont tendance à se fixer les unes à côté des autres.

Ascidie rouge

Ascidie blanche (*Phallusia mamillata*). Grande ascidie à tunique épaisse, coriace, mamelonnée, d'aspect laiteux. Coloration blanchâtre à beige. Sur tout substrat dur, en eau trouble, de la surface à 200 m. De 15 à 18 cm. Sur toutes nos côtes.

Ascidie blanche

Ascidie rouge (*Halocynthia papillosa*). Tunique à surface granuleuse d'un rouge intense (devenant presque blanche dans les parties abritées de la lumière). Siphon inhalant terminal, siphon exhalant latéral, presque perpendiculaire. Substrats rocheux peu éclairés, de 1 à plus de 100 m. De 10 à 12 cm. Méditerranée.

Petit microcosme

Violet, biju, microcosme (*Microcosmus sabatieri*). Espèce comestible. Tunique plissée, à texture de cuir, mais habituellement recouverte de toutes sortes d'organismes fixés (d'où le nom microcosme). Se reconnaît à ses deux siphons marqués de 8 lignes rose violacé. De 15 à 20 cm. Méditerranée. D'autres espèces, dont *M. sulcatus*, plus petit, aux siphons rose uniforme.

Violet

Petit microcosme (*Pyura sp.*). Forme en boule plus ou moins aplatie selon les espèces, avec les deux siphons (à 4 lobes) vers le haut. Tunique coriace, à consistance de cuir, souvent couverte d'organismes fixés. Coloration brun-jaune à rougeâtre. Plutôt à faible profondeur. De 3 à 8 cm. Sur toutes nos côtes.

Ascidie varioleuse

N.L.: *Distomus variolus* **Fam.:** Styélidés

Cette petite ascidie rouge se multiplie par bourgeonnement, et forme souvent des manchons continus autour des stipes de laminaires.

• **DESCRIPTION :** Accolés les uns aux autres, les individus forment une couche ininterrompue car ils sont reliés par une base commune. Chacun forme une petite outre (1 cm) aux siphons peu proéminents. La couleur est habituellement rouge vif, parfois bordeaux ou rosâtre.

Ascidie varioleuse

• **HABITAT :** On peut trouver cette espèce sur les parois rocheuses ombragées, du bas de la zone des marées à 20 ou 40 m, mais elle vit surtout à la base ou sur les stipes des grandes laminaires, *Laminaria hyperborea* en particulier.

• **BIOLOGIE :** Les colonies se forment par bourgeonnement (comme on peut le vérifier en examinant leur marge), à partir d'un seul individu de départ. Elles peuvent prendre l'aspect d'une plaque uniforme ou s'organiser en cordons, en lobes irréguliers, suivant les conditions écologiques et la concurrence avec d'autres espèces fixées. Comme toutes les ascidies, cette espèce filtreuse se nourrit principalement de phytoplancton et de débris organiques microscopiques.

Groseille de mer

Groseille de mer (*Dendrodoa grossularia*). Siphons plus proéminents que chez *D. variolosus*, mais corps plus aplati, fixé par une large base. Contrairement aux apparences, ce n'est pas une espèce coloniale, mais « grégaire » : les larves se fixent souvent sur la tunique des adultes. De 1,5 à 2 cm. De la mer du Nord à la Bretagne.

Mirabelle de mer

Mirabelle de mer (*Stolonica socialis*). Petite ascidie de 2 cm, à la couleur orange jaunâtre caractéristique. Siphons terminaux, légèrement divergents. En groupes parfois importants, les individus étant reliés par des stolons (bourgeonnement). Roches peu éclairées à partir des plus basses mers. Manche.

Molgule

Molgule (*Molgula sp.*). Ascidies sphériques ou ovoïdes, avec une fine tunique parcheminée, parfois poilue. Souvent partiellement recouvertes de sédiments. Siphon inhalant à 6 lobes, siphon exhalant à 4 lobes. Coloration blanchâtre à brunâtre. De 2 à 4 cm en général. Atlantique.

Claveline transparente

N.L. : *Clavelina lepadiformis* **Fam.** : Clavélinidés

Les délicates clochettes translucides de cette petite ascidie sont un spectacle réservé au plongeur attentif !

• **Description :** Cette ascidie est portée par un pédoncule, dans lequel on distingue très bien la boucle du tube digestif ; la partie supérieure élargie, parfaitement transparente, permet de voir le sac pharyngien, ainsi que des ornementations blanches caractéristiques (parfois rosées ou jaunâtres), en particulier un anneau marquant chaque siphon. Chez cette espèce coloniale, les individus issus du bourgeonnement d'une même ascidie « mère » ne sont reliés que par de fins stolons. La taille ne dépasse guère 3 cm.

• **Habitat :** Cette petite espèce se fixe sur tous les types de substrat dur : rocheux, animal, végétal ou artificiel. On la rencontre dans l'infralittoral, de la surface à plus de 50 m.

• **Biologie :** Douée d'une croissance rapide, la claveline transparente peut se développer saisonnièrement dans certains milieux variables (ports) ou sur certains substrats (algues, feuilles de zostères...). Les colonies regroupent parfois 200 à 300 individus.

Claveline naine (*Clavelina nana*). Minuscule claveline (moins de 1 cm), souvent en colonies nombreuses. Dessin « annelé » caractéristique. Espèce normalement transparente avec des dessins blancs, oranges ou jaune vif, mais parfois opaques. Méditerranée.

Claveline naine

Claveline cloche (*Clavelina dellavallei*). Pédoncule étroit s'évasant fortement au niveau de la « cloche ». Tube digestif violacé à rosâtre, prolongé par une ligne violette le long du pharynx. Pas d'anneaux blancs sur les siphons, mais pharynx finement annelé de clair. Solitaire, ou en colonies de quelques individus. 4 cm. Méditerranée.

Claveline cloche

Ascidie glauque, estouffat (*Diazona violacea*). Ressemble superficiellement à une colonie de clavelines, mais la base des individus est incluse dans une masse gélatineuse commune. Les individus atteignent 4 à 5 cm, les colonies 20 à 40 cm. Sur toutes nos côtes.

Ascidie glauque

Botrylle étoilé

N.L.: *Botryllus schlosseri* **Fam.**: Styélidés

Ces étonnantes tapisseries ornées de fleurettes colorées sont encore plus somptueuses si vous les examinez à la loupe.

• **DESCRIPTION :** Il s'agit d'une synascidie, dont les petits zoïdes (de 1 à 2 mm) sont inclus dans une tunique commune. Chacun a son propre siphon inhalant, mais rejette l'eau par un siphon exhalant commun avec ses voisins, d'où une disposition en étoile – ou en pétales de fleurs – qui est caractéristique de cette espèce. Les colonies se présentent en couche uniforme, charnue, de 2 à 3 mm d'épaisseur. Sur certains supports irréguliers (algues ramifiées...) elles peuvent former des lobes dressés nettement plus épais. La coloration est extraordinairement variable, parfois très vive, les individus ayant toujours une teinte très contrastée avec la tunique qui les entoure. Les colonies mesurent le plus souvent de 5 à 10 cm.

Botrylloïde

• **HABITAT :** Cette espèce se développe sur toutes sortes de supports solides, y compris des coquillages ou des algues. Elle peut vivre de la zone des marées à plus de 100 m.

• **BIOLOGIE :** Tous les zoïdes proviennent, par bourgeonnement, d'une seule larve d'origine, raison pour laquelle ils sont de couleur parfaitement identique : la colonie correspond à un seul individu génétique. Le botrylle étoilé est particulièrement florissant dans des eaux turbides, chargées en phytoplancton et en particules organiques.

Synascidie jaune

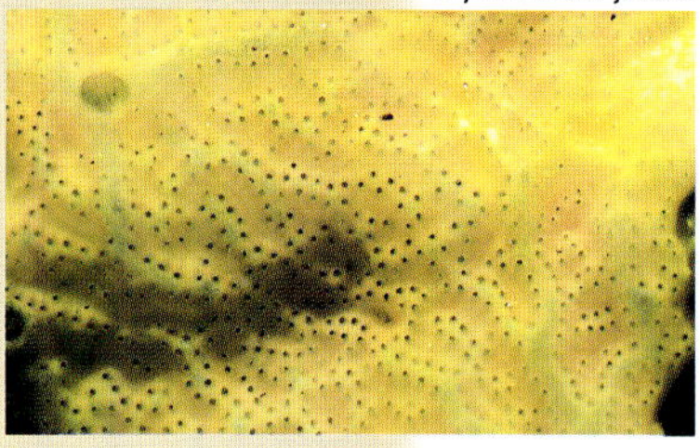

Botrylloïde (*Botrylloides leachi*). Les zoïdes de 2 mm, bien visibles en surface de la colonie, sont alignés plutôt que regroupés autour des orifices exhalants communs. Coloration variable (brun-gris, verdâtre, rouge, orange, jaune...). 10 cm et plus. Sur toutes nos côtes.

Synascidie gélatineuse

Synascidie jaune (*Polysyncraton bilobatum*). Représentant de la famille des Didemnidés, chez qui les zoïdes ne sont pas visibles. Siphons inhalants en étoile à 6 branches caractéristiques. Confusion possible avec la synascidie rouge, *P. lacazei*, aux croûtes plus épaisses (de 5 à 10 mm), de coloration rouge ou orange, parfois jaune, bleuâtre ou noire. De 20 à 30 cm. Sur toutes nos côtes.

Synascidie gélatineuse (*Diplosoma sp.*). Colonie molle, à l'aspect translucide caractéristique. Les zoïdes sont difficilement décelables, si ce n'est par les petits siphons inhalants (qui se contractent en étoile à 6 branches). Plusieurs espèces semblables. Jusqu'à 15 ou 20 cm. Sur toutes nos côtes.

Synascidie pédonculée orange

Synascidie pédonculée orange (*Aplidium punctum*). Colonie pédonculée en massue. Coloration blanchâtre à orangée, avec un point rouge caractéristique sur chaque zoïde. De 2 à 4 cm. Du sud de la Bretagne à la Manche.

Flocon blanc

Flocon blanc (*Aplidium pallidum*). Colonie d'aspect floconneux, plus ou moins pédonculée, d'un blanc uniforme. Sur la roche et les algues, en particulier stipes de laminaires. De 1 à 2 cm. Sur toutes nos côtes, Manche surtout.

Synascidie pédonculée rouge

Synascidie pédonculée rouge (*Morchellium argus*). Forme en massue à l'extrémité aplatie. Zoïdes regroupés au sommet (coloration orangée ou rougeâtre), tandis que le pédoncule brun jaunâtre est incrusté de sable. Dès la zone des marées. De 3 à 5 cm. Du sud de la Bretagne à la Manche.

Fraise de mer

N.L.: *Aplidium elegans (= Fragarium elegans)*

Fam.: Polyclinidés

Ces masses arrondies plus ou moins aplaties évoquent un peu l'aspect d'une fraise, mais pas toujours très fraîche !

• **DESCRIPTION :** Les zoïdes sont plus ou moins organisés autour de canaux exhalants sinueux ; leurs siphons inhalants sont ornés de 8 courtes languettes blanches. La colonie en coussinet, de consistance gélatineuse, est rose (parfois rougeâtre ou mauve) avec des traînées blanchâtres. Elle peut mesurer de 6 à 8 cm de long pour 3 cm de haut. *Aplidium nordmani* est assez semblable, mais les siphons inhalants sont bordés de 6 languettes.

• **HABITAT :** L'espèce se rencontre sur les fonds rocheux peu éclairés, de la zone intertidale à plus de 20 m de profondeur.

Les thaliacés

Individus solitaires de salpes (6-8 cm).

Espèce indéterminée.

Ce sont des tuniciers planctoniques, gélatineux et translucides, caractérisés par une alternance de générations : des individus solitaires donnent naissance, par bourgeonnement (phase de multiplication asexuée), à des colonies de nouveaux individus, d'aspect différent, qui constituent la génération sexuée. Tous sont filtreurs, chaque individu (solitaire ou constitutif d'une colonie) possédant un siphon inhalant (buccal) qui aspire l'eau, et à l'opposé un siphon exhalant (cloacal) qui la rejette après filtration des particules alimentaires (phytoplancton). On les rencontre occasionnellement près des côtes lorsqu'ils y sont poussés par les courants, parfois en grandes concentrations.

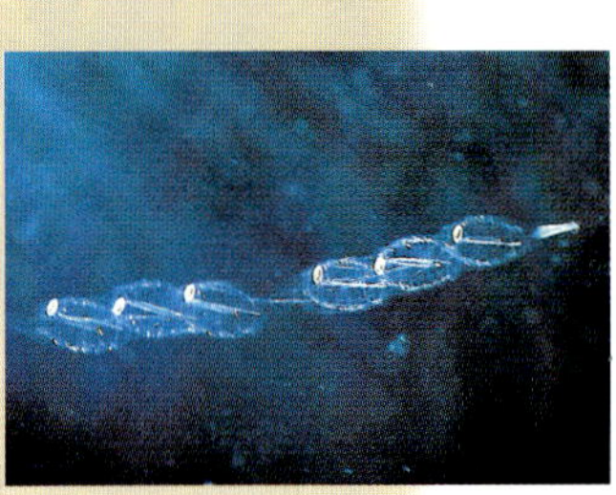

Longue de quelques centimètres, une colonie d'une petite espèce de salpes indéterminée.

Les salpes. Les individus solitaires, grossièrement ovoïdes et légèrement aplatis, sont dotés d'un orifice buccal à une extrémité, et d'un orifice cloacal, légèrement désaxé, à l'extrémité opposée. En phase de bourgeonnement, ils développent un appendice enroulé dans lequel on peut déjà déceler les futurs individus coloniaux. Une fois détachés, ces bourgeons forment les longues chaînes si caractéristiques des salpes, constituées d'individus collés côte à côte. Ces chaînes peuvent dépasser 1 m chez certaines salpes, les individus solitaires mesurant quelques millimètres à plus de 10 cm selon les espèces. On peut rencontrer occasionnellement des salpes sur toutes nos côtes.

Les dolioles. La forme de base des individus est celle d'un tonnelet, avec des orifices buccal et cloacal parfaitement symétriques (à la différence des salpes). La phase coloniale, la plus aisément identifiable, est constituée d'un «gros» individu en tonneau (rarement plus de 1 cm) qui assure la flottaison, portant une «queue» avec un double alignement d'individus plus petits, à rôle nourricier. L'ensemble de la colonie peut dépasser 10 cm. Sur nos côtes, on ne trouve des dolioles qu'en Méditerranée.

Les pyrosomes. On ne peut identifier les pyrosomes que sous leur forme coloniale : une sorte de saucisse translucide souple pouvant atteindre 20 à 60 cm, percée d'une cavité tubulaire qui s'ouvre à l'une des extrémités, et dont la surface est couverte de petites papilles. Sous chacune de ses papilles se trouve l'orifice buccal d'un individu, l'orifice cloacal rejetant l'eau dans la cavité interne de la colonie. Les individus constitutifs de cette colonie ne mesurent que quelques millimètres. On peut rencontrer des pyrosomes de la Méditerranée au golfe de Gascogne.

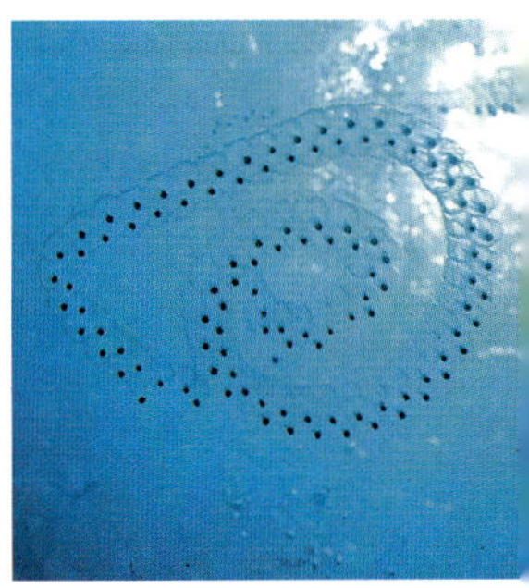

► Pouvant dépasser le mètre, une chaîne de la salpe *Thalia democratica*.

LES CÉPHALOCORDÉS

Par leur forme, les céphalocordés évoquent un peu les poissons. Mais ce qui les en rapproche réellement, c'est qu'ils possèdent une corde (ou chorde) dorsale, sorte de tube élastique qui court du rostre au bout de la queue, et préfigure la colonne vertébrale de leurs cousins plus évolués. On n'en connaît qu'une douzaine d'espèces dans le monde.

Amphioxus

N.L. : *Branchiosma lanceolatum*
Syn. : Lancelet

Cet animal bizarre, éminemment discret, est sans doute très proche de l'ancêtre disparu des premiers vertébrés.

• **DESCRIPTION :** L'amphioxus a l'aspect d'un fuseau effilé aux deux extrémités et comprimé latéralement. Par transparence, on peut voir le pharynx finement strié qui occupe la partie antérieure, ainsi que les myomères (masses musculaires disposées en V imbriqués) et éventuellement les gonades, ventrales, qui apparaissent segmentées. L'animal n'a pas d'yeux ni d'organes sensoriels visibles, mais la bouche est entourée de cirres. La coloration est habituellement blanc rosé translucide, la taille atteignant 5 à 6 cm.

• **HABITAT :** Cet animal vit dans des graviers fins à granulométrie régulière, à partir de quelques mètres de profondeur.

• **BIOLOGIE :** Espèce filtreuse, l'amphioxus vit enfoui dans le sable, dont ne dépasse que la bouche. L'eau aspirée est filtrée par le pharynx, puis rejetée par un pore ventral. Dérangé, il peut nager maladroitement sur une courte distance.

LES HÉMICHORDÉS (OU STOMOCHORDÉS)

Ces animaux constituent un groupe à part, caractérisé par un pharynx avec des fentes branchiales, et une structure tubulaire axiale (stomochorde) qui a longtemps été considérée – à tort – comme homologue de la corde des urocordés et des céphalocordés.
Les hémichordés rencontrés sur nos côtes appartiennent au groupe des entéropneustes, dont les balanoglosses *(Balanoglossus sp.*, ci-contre*)* sont un exemple. Ce sont des animaux vermiformes au corps constitué de trois parties : un proboscis conique, suivi d'un collier charnu puis d'un « tronc » plus ou moins rubané, percé dans sa partie antérieure de nombreux pores branchiaux (de 50 à 140 paires selon les espèces). Longs de 4 à 30 cm, ils vivent dans un tube en U creusé dans le sable vaseux, à partir du bas de la zone des marées.

Glossaire

Appendices : Organes pairs (souvent des pattes) présents chez les crustacés.

Branchies : Organes irrigués par le système sanguin et permettant la respiration de certains animaux. Chez les mollusques bivalves notamment, les branchies servent également à la capture de micro-organismes planctoniques pour la nutrition.

Charnière : Articulation des deux valves, chez un mollusque bivalve.

Cirres : Organes filamenteux présents chez certains animaux (vers, mollusques, crustacés), utilisés pour la respiration et la capture des proies planctoniques.

Dichotomie : Division en deux parties.

Écloserie : Structure mise en place pour la production de larves de mollusques bivalves.

Écosystème : Ensemble constitué par des êtres vivants, le milieu dans lequel ils vivent et les relations qui les lient.

Gamète : Cellule sexuelle mâle ou femelle.

Gonade : Terme général désignant à la fois les organes sexuels internes mâles et femelles.

Grégaire : Qui vit en groupe.

Hermaphodrite : Se dit des organismes qui possèdent les deux sexes à la fois. Certains changent de sexe au cours de leur vie.

Larve : Organisme très différent de l'adulte de la même espèce, constituant une étape de transition entre l'œuf et le jeune.

Maërl : Algue encroûtante formant des concrétions calcaires.

Manteau : Tissu englobant les organes internes des mollusques et sécrétant la coquille.

Masse viscérale : Ensemble de tous les organes d'un animal.

Métamorphose : Ensemble des transformations morphologiques subies par une larve et à l'issue desquelles elle ressemblera à l'adulte.

Naissain : Ensemble des jeunes coquillages, après la métamorphose.

Nurserie : Structure mise en place pour prégrossir le naissain de mollusques.

Ovipare : Qui pond des œufs.

Phytoplancton : Plancton végétal, en grande partie constitué d'algues unicellulaires.

Plancton : Ensemble des organismes animaux et végétaux souvent de très petite taille, dérivant au gré des courants.

Prégrossissement : Élevage de naissains de mollusques en structures protégées, avant le grossissement en milieu naturel.

Reproduction asexuée : Elle ne fait pas intervenir des individus mâle et femelle. Elle se fait souvent par bourgeonnement.

Sable coquiller : Sable grossier constitué de débris de coquilles de mollusques.

Siphon : Organe destiné à pomper ou à rejeter de l'eau, présent notamment chez les mollusques bivalves.

Stipe : Tige non ramifiée. Concerne notamment les algues.

Thalle : Partie supérieure d'une algue, souvent ramifiée.

Valve : Chacune des deux parties (identiques ou différentes) constituant la coquille des mollusques bivalves.

Vivipare : Qui donne naissance à des animaux déjà formés.

Zone de balancement des marées : Partie du littoral alternativement découverte et recouverte par les marées.

Zooplancton : Plancton animal (œufs et larves de diverses espèces).

Index

CRÉDITS PHOTOGRAPHIQUES

Anagnostidis/NATURE : 86 b – **Breton** : 95 mmd, 100 hd, 119 mm, 123 b, 153 mh – **Chaumeton/NATURE** : 9, 10, 11 h, 13, 19, 22, 23 b, 24 bd, 24 hd, 24 mbg, 25 hd, 25 hg, 25 m, 27 bd, 31 hd, 31 hg, 31 mhd, 31 mm, 32 b, 32 h, 33 h, 33 md, 34 b, 34 h, 35 m, 37 b, 37 h, 41 hg, 42 bd, 42 mbd, 44, 45 bg, 45 h, 45 m, 46 b, 47 h, 47 md, 47 mg, 48 bd, 48 hg, 48 mg, 49 bd, 49 bg, 49 bm, 51 h, 51 m, 53 hd, 53 hg, 54 b, 55 bd, 55 hg, 55 md, 57 m, 61 hd, 62 b, 62 h, 63 b, 63 h, 64, 65 bg, 65 h, 65 mg, 65 mh, 66 bg, 66 bm, 67 bg, 67 h, 67 md, 67 mg, 69 d, 69 g, 70 b, 70 h, 71 b, 71 h, 72 bg, 73 bd, 73 bg, 73 h, 73 m, 74 h, 75 hd, 75 hg, 75 m, 76 m, 78 b, 78 h, 79 bd, 79 hd, 79 mg, 80 h, 81 bd, 81 bg, 81 h, 81 mb, 81 mhd, 81 mhg, 82 h, 82 mb, 83 bd, 83 bg, 84 h, 85 b, 85 mb, 85 mh, 86 h, 86 m, 87 b, 87 h, 87 mbd, 87 mbg, 87 mh, 88 b, 89 b, 89 md, 90 b, 90 h, 90 md, 90 mg, 91 bg, 91 bm, 91 mbd, 91 mg, 91 mh, 93 bg, 93 h, 94 b, 94 h, 95 b, 95 h, 95 mbd, 96 h, 97 mbd, 97 mhd, 97 mmd, 98 bd, 98 hg, 98 mbg, 98 mhg, 99 b, 99 mhg, 100 bd, 101 bd, 102, 102 b, 102 h, 103 hd, 103 hg, 104 hd, 104 hg, 104 mg, 105 b, 105 h, 105 m, 106 b, 106 h, 106 mh, 107 b, 107 mh, 108 b, 108 h, 109 h, 109 mb, 110 hd, 110 hg, 110 m, 113 b, 116 h, 117 h, 117 m, 118 bd, 118 hd, 118 md, 120 b, 120 h, 121 b, 121 mb, 121 mm, 122 b, 122 mh, 124 h, 125 h, 126 bd, 126 bg, 126 hg, 126 mm, 127 b, 128, 129 bd, 129 bg, 129 hd, 129 hg, 129 md, 131 b, 131 m, 132 b, 132 h, 133 h, 134 h, 135 bg, 135 h, 135 mh, 136 h, 137 b, 137 mb, 137 mh, 138 bg, 138 h, 138 mb, 138 mh, 139 bd, 139 bg, 140 bd, 140 bg, 141 bd, 141 bg, 141 h, 141 mb, 141 mh, 142 b, 143 bd, 143 bg, 144 bd, 144 h, 144 mh, 145 hd, 145 mhd, 145 bg, 145 hg, 145 h, 145 m, 146 b, 146 h, 147 b, 147 h, 147 mhg, 148, 149 bd, 149 bg, 149 h, 150 b, 150 h, 150 mbd, 150 mbg, 150 mhd, 150 mhg, 151 h, 152 b, 152 hd, 152 hg, 152 mh, 153 b, 153 mb, 155 b, 155 hd, 155 hg – **Danrigal/JACANA** : 100 mbd, 100 bg – **Lanceau-Visage/NATURE** : 149 m – **Lanceau/NATURE** : 14 h, 14 m, 17, 19 b, 41 hd, 45 bd, 47 bg, 51 bg, 52 h, 53 md, 56, 76 b, 79 bg, 112 h, 113 h, 122 mb, 123 hg, 124 mh, 134 b, 136 b, 138 bd, 139 h, 139 m, 144 bg, 144 mb, 147 mbd – **Louisy** : 6, 12 m, 12 b, 14 b, 15, 23 h, 23 m, 24 mhd, 25 b, 26 b, 26 h, 27 bg, 27 h, 27 md, 31 b, 33 b, 33 mg, 35 b, 36 b, 36 h, 36 m, 37 m, 38, 39 b, 39 mhg, 39 hd, 39 mb, 39 mhd, 41 bd, 41 bg, 41 m, 42 h, 42 mhg, 43 b, 43 m, 46 h, 48 bg, 48 hd, 48 mhd, 49 h, 50 b, 50 h, 50 m, 51 bd, 52 b, 53 bd, 53 bg, 54 h, 54 m, 55 hd, 55 mg, 57 bd, 57 h, 58, 59 b, 59 hd, 59 hg, 61 bd, 61 g, 61 mbd, 61 mhd, 62 m, 63 m, 65 mbd, 66 bd, 66 hd, 66 hg, 67 bd, 72 bd, 72 h, 72 mb, 72 mh, 75 b, 76 h, 77 b, 77 h, 79 mbd, 79 mhd, 79 hg, 80 b, 82 b, 83 h, 83 m, 84 b, 88 hg, 89 mg, 91 bd, 91 h, 95 mhd, 96 bd, 96 bg, 97 h, 99 mbd, 101 mg, 103 bd, 106 mb, 107 h, 107 mmb, 107 mmh, 109 b, 109 mh, 110 d, 110 g, 111 bd, 111 bg, 118 hg, 119 h, 125 b, 126 hd, 126 hg, 127 h, 127 m, 130 bd, 130 bg, 130 h, 131 hd, 131 hg, 135 bd, 135 mb, 137 h, 142 h, 145 mbd, 149 md, 151 bd, 151 bg, 151 m, 152 mb, 153 h, 154 b, 154 h, 154 mb, 154 mh – **Maître-Allain** : 11 b, 30, 57 bg, 85 h, 97 b, 112 b, 113 m, 114 b, 114 h, 115 b, 115 h, 118 bg, 118 mg, 119 b, 119 mg, 120 m, 121 h, 121 mh, 123 hd, 124 b – **Mayet/NATURE** : 98 hd, 99 hd, 101 hg, 116 md, 122 h, 124 mm – **Monestier/NATURE** : 8 – **Nedelec** : 35 h – **Sauer/NATURE** : 40, 43 h, 47 bd, 65 bd, 74 b, 82 mh, 88 hd, 89 hd, 89 hg, 93 bd, 98 md, 98 bg, 101 hd, 103 mg, 104 bg, 116 b, 117 b, 119 md, 124 mb, 129 mg, 133 b, 140 h, 145 bd – **Veillard** : 107 mb.